Wieninger über Wieninger

Meine Zangengeburt am 9. Juli 1963 habe ich nur mit Mühe überlebt. Mit viereinhalb Kilo wurde ich in eine unbedeutende Stadt im Osten Österreichs geboren.

In der Schule war ich bis vierzehn ein Musterschüler. Danach habe ich meine Zeit praktisch nur mehr mit Fußballspielen – als harter, aber unfairer Verteidiger – verbracht, die Matura ist mir irgendwie so nebenher gelungen. Einige Zeit habe ich dann mangels besserer Ideen lustlos Medizin in Wien studiert. Der Ernst des Lebens verschaffte mir schließlich absolute Toppositionen als Kaminleger, Reiseleiter, Verschubarbeiter, Lokal- und Sportjournalist usw. Mit dreißig habe ich noch ein Germanistik-Studium begonnen, das ich 1998 überraschenderweise mit ausgezeichnetem Erfolg abschließen konnte. Im Jahr darauf ist mein erster Roman «Der Dreizehnte Mann» erschienen, dem nun «Falsches Spiel mit Marek Miert» folgt.

Privat bin ich ganz schön langweilig, ziehe Gemüse, hocke in meiner Bibliothek herum oder trinke Samos in einem geschmacklos dekorierten griechischen Lokal, das von Albanern geführt wird.

Manfred Wieninger

Falsches Spiel
mit Marek Miert

Roman

Rowohlt Taschenbuch Verlag

Umschlaggestaltung Notburga Stelzer
(Foto: © K-P Wolf / Bavaria)
Lektorat Bernd Jost

Originalausgabe
Veröffentlicht im Rowohlt Taschenbuch Verlag GmbH,
Reinbek bei Hamburg, Februar 2001
Copyright © 2001 by Rowohlt Taschenbuch Verlag GmbH,
Reinbek bei Hamburg
Alle deutschen Rechte vorbehalten
Satz Galliard PostScript, PageOne
Gesamtherstellung Clausen & Bosse, Leck
Printed in Germany
ISBN 3 499 22893 9

Probavisti cor meum et iniquitatem non invenisti.

«Sicher ist, dass nichts sicher ist.»
Karl Valentin

Eins

Ich saß über der ersten Melange des Tages und fühlte mich nicht wohl.

Ich saß in meinem gewohnten Tankstellencafé an der Bundesstraße 1 vor der dampfenden Schale, wartend auf den Tod oder einen Auftrag. Vor mir auf dem Tisch in bequemer Griffweite das Handy, das nie piepste. Eigentlich hätte ich mich wohl fühlen müssen, die Ersparnisse würden noch einige Zeit reichen, ebenso mein Eigensinn.

Das Café an der Tankstelle, ich besuchte es jeden zweiten, dritten Vormittag, war das nächste zu meinem Wohnbüro in der Birkengasse. Für gewöhnlich bog ich nicht allzu früh – gegen acht etwa – von der Birken- in die Sensengasse, vorbei am Kindergarten, querte die Josefstraße in Höhe des kleinen Supermarktes, ging eine gedeckte Passage hindurch zu den Bundesheerwohnblocks, auf deren Hauswegen ich bis zur Steinfeldstraße gelangte. Diese überquerend, ging ich über die offenen Gartenanlagen der Krankenkassenwohnhäuser bis zur Rückseite der Tankstelle. Das daran angeschlossene Café, es trug den Namen der Mineralölfirma, betrat ich nach einem Blick auf die Bundesstraße immer durch den Hintereingang, wodurch es mir fast jedes Mal gelang, den Kellner zu erschrecken.

Ich trank die erste Melange des Tages und fühlte mich nicht wohl. Ich hatte die rotblonde, mollige Mutter gesehen, die ihr halb schlafendes Kind wie immer verspätet in den Kindergarten brachte, den grünen Passat, der wie immer um diese Zeit zu schnell die Josefstraße entlangfuhr, die rot gestreifte Tuchent, die wie immer aus dem gleichen Fenster des ersten Heereswohnblocks hing, die hustende Hausmeisterin der Krankenkassenhäuser, die jeden Tag den Gehsteig kehrte, und das Glasauge des Kellners im Café. Ich hatte Milch und Urin aus dem Kindergarten gerochen, den vertrockneten Rasen zwischen den Mietskasernen, den Schotterstaub der Trottoirs, den warmen Brotgeruch der ausgeschüttelten Betten, das Benzol der Tankstelle, die Geschwindigkeit der Bundesstraße. Ich hatte das Geweine gehört, die Ottomotoren, die klappernden Absätze, den unsichtbaren Wind, das Brausen der Blechkarawane und das Zischen der Espressomaschine. Aber irgendetwas oder irgendjemanden hatte ich nicht gesehen, nicht gerochen, nicht gehört, irgendetwas fehlte, irgendetwas in meiner gewohnten Morgenmenagerie war nicht vorhanden, ausgelöscht, perdu.

Ich wollte darauf warten. Denn die Dinge (und die Menschen) verschwinden nicht einfach. Es bleibt immer etwas zurück, entweder ein Kratzer, eine unbezahlte Rechnung, ein Quantum Hass, oder das Verschwundene meldet sich auf einmal zurück wie ein Schleier Spinnweben, wie eine Ahnung des Unglücks, wie ein Traum, den man schon im Schlaf vergessen hat. Man musste nur darauf warten können, eine sehr spezielle Art des Wartens praktizieren. Denn was man auf der Polizeischule nicht lernte, war das Warten. Das Warten auf nichts. Das interesselose, zwecklose Sammeln von Beobachtungen, von Details. Das Schlangenäugige.

Zwei

«Ich weiß, wer Sie sind», sagte der alte Mann, «Kellner sind so indiskret, wenn man mit ein bisschen Papiergeld wedelt.» Er trug ein Pepita-Sakko, eine dunkelblaue Hose, seidenweiße Stutzen und ein Menjoubärtchen. Er hatte große rote Hände, Gold im Gebiss und an den Fingern sowie einen beeindruckenden Silberblick und war im Übrigen proper wie ein Senior aus einer Hämorrhoiden-Werbung.

«Das ist ja kein Geheimnis», dachte ich und antwortete mit einem unbestimmten Brummlaut.

«Ich beobachte Sie jetzt seit fast zwei Wochen, wie Sie mich beobachten. Wie Sie alle und alles in diesem Bumslokal beobachten. Sie haben Schlangenaugen.»

«Na schön», sagte ich, um halt irgendetwas zu sagen.

«Ich war dabei, als eine junge Frau abgeholt wurde. Sie wollte ihre Häscher mit ein wenig Liebe bestechen. Wir haben sie nackt in den Viehwaggon geprügelt. Ich bin 78, aber daran erinnere ich mich immer noch gern.» Er nahm die goldene Brille ab und wischte den Dunst seiner Gefühle – welcher Art auch immer – sorgfältig ab.

«Ihre Sache interessiert mich ...», meinte ich vorsichtig.

«In ein paar Monaten werde ich anfangen, zu Methan zu zerfallen. Aber ich will mich nicht beklagen.»

«Nicht?»

«Ich habe Glück gehabt im Leben. Ich bin Hans im Glück und werde es immer sein. Quod erat demonstrandum – finden Sie heraus, wer ich bin.»

«Ich könnte den Kellner fragen.»

«Ganz so einfach ist es nicht.»

«Warum engagieren Sie einen Detektiv gegen sich selbst?»

«Eine Harlander Fürsorgerin hat einmal zwei betrunkenen Sowjetsoldaten auf der Suche nach Weiberfleisch den Weg zu einem zehn-, elfjährigen Mädchen, ihrem schutzbefohlenen Mündel, ein Stockwerk über ihr gewiesen, um selbst verschont zu werden. Ich habe diese fürsorgliche Frau ein Jahr später geheiratet. Ich verabscheue das Laue. Verstehen Sie?»

«Nein.»

«Ich rieche den Morgen nicht mehr, den frischen, grünen Morgen. Ich spiele gegen mich selbst, um nicht vor dem Fernseher zu verfaulen. Ich stelle die Welt noch einmal auf die Probe. Ein letztes Glücksspiel gegen das Schicksal, eine letzte Herausforderung Gottes.»

«Sind Sie auch Lyriker?» Ich war mir jetzt fast sicher, es nur mit einem Suderanten, einem redseligen alten Mann zu tun zu haben. Aber eben nur fast. Der Alte überging meine Frage und redete einfach weiter: «Provinz ist, wo man im Trainingsanzug einkaufen geht und die gleichen Burger isst wie in allen Hauptstädten auch. Wo der Schrott aus Hollywood drei Tage später anläuft als in Hollywood selbst und man diese kurze, aber wohltuende Schonfrist genießt. Wo man über die Funkausstellung in Berlin nur liest und Gott sei Dank nicht hinzugehen braucht. Wo man die modernen Architekten, diese wahren Terroristen, leider nicht mehr teert und federt, sondern ebenso ungehindert bauen lässt wie in New York, Rom oder Tokio. Provinz gibt es nicht mehr. Provinz ist eigentlich nur mehr eine Metapher. Aber aus der Provinz stammen die großen Massenmörder und Musiker, jene, die der Welt eindringlich etwas zu sagen haben durch ihre Werke.»

«Sind Sie Musiker?», fragte ich. Schließlich hatten die amerikanischen TV-Anwälte die Fangfrage nicht für sich allein gepachtet.

«Finden Sie es heraus! – Und jetzt müssen Sie mich entschuldigen. Unser nettes, kleines Gespräch hat mich doch etwas angestrengt.»

«Was ist mit einer Anzahlung?»

«Ich übernehme Ihren Kaffee. Der ist sowieso überteuert hier.» Der schöne Alte legte etwas Geld auf den Tisch, stand auf und bewegte sich zur Tür, steif, soldatisch, herrisch wie eine preisgekrönte Dogge.

Ich war seit Monaten schon aus dem Spiel und entsprechend eingerostet. Seitdem ich mich geweigert hatte, einen BMW einfach aufzubrechen wie irgendein Strauchdieb, schickte die Intercash Factoring Bank längst einen anderen Büttel auf die Suche nach den teuren Limousinen, deren Besitzer die Leasing- oder Kreditraten nicht mehr bezahlen konnten. Der Gewerbeschein als Detektiv und die Eintragung ins Telefonbuch hatten sich als Flop erwiesen, das neue Handy blieb still wie der Tod. Morsch und müde durch das monatelange Nichtstun, blieb ich einfach am Kaffeehaustisch sitzen und buchte den properen Senior in Gedanken bereits als Meschuggenen ab.

Aber dann dachte ich plötzlich an dessen Herrenmenschengang. So stolzierte nur einer, der einmal schwarze Stiefel angehabt und damit scharfe Tritte ausgeteilt hatte. Ich lief wie ein gereizter Hamster aus dem Lokal und sah den Alten noch wegfahren, langsam und gravitätisch wie auf Schienen in einem großen beigefarbenen Mercedes. Ich notierte mir die Nummer wie irgendein Pfadfinder auf die Manschette meines Hemdes.

Ich hatte mich für meinen Beruf entschieden.

Drei

«Wissen Sie, wer das war?», fragte ich den Kellner.

«Wissen Sie, dass Sie eigentlich nie Trinkgeld geben?!» Das Glasauge blickte vorwurfsvoll. Jeden Morgen, den ich im Kaffeehaus verbracht hatte, war es pünktlich um halb zehn offensichtlich von seinem angetrauten Eheweib im Gastraum angerufen und wegen irgendwelcher häuslicher Verfehlungen zur Schnecke gemacht worden.

«Ich verspreche, mich entschieden zu bessern», antwortete ich und legte einen kleinen Schein auf den Tisch.

«Kommerzialrat Gollwitzer. – Ich freue mich immer wieder, wenn sich die Kommunikation mit einem Stammgast verbessert.»

«Was macht er so?»

«Es liegt an Ihnen, die Kommunikation weiter zu verbessern.»

Ich kannte alle verbalen Ausflüchte und Entschuldigungen, deren der Kellner fähig war. Aber vor allem wusste ich auch, dass er unter Druck wegbrach wie feuchter Zucker.

«Hören Sie, Sie haben dem Heini meinen Namen genannt, meinen Beruf und wahrscheinlich auch noch meine Hemdengröße. Ich könnte mich doch glatt bei Ihrem Chef über diese Indiskretion beschweren.»

«Okay, schon gut. Ich glaube, er hatte eine Drogerie in der Innenstadt. Aber das war vor meiner Zeit.»

«Wie hat der Waschlappen bloß sein Auge verloren? Doch nicht in einer Schlägerei?», fragte ich mich und entließ den Kellner mit einer Handbewegung. Das Telefon hinter der Theke läutete. Es war Zeit für die heutige matrimoniale Abreibung. Aber anders als in den Monaten zuvor blieb ich nicht sitzen, um zu lauschen.

Vier

Die Tankstelle neben dem Café hatte ich eigentlich noch nie betreten, weil ich auftragslos meistens zu Fuß unterwegs war, um mein Konto zu schonen. Aber ich wusste, dass der Tankwart höchstwahrscheinlich ein Student war, der hinter der Kassa in dicken Folianten schmökerte. Mit dickglasiger Brille. Germanistenschicksal.

Die Mineralölfirma war zur Zeit, als Hitler in Wien aquarellierte, von einem mährischen Juden gegründet worden, einem ebenso mittelmäßigen Sonntagsmaler. Er hatte auch das Logo entworfen, das noch immer dasselbe war, obwohl die Tankstellenkette zuerst von der SS, dann von den Sowjets übernommen worden war und jetzt der Kommunistischen Partei gehörte. Die vorherrschende Farbe in der Geschäftsausstattung war Lichtblau, der Sommerhimmel über Znaim, vulgo Znojmo.

«Fehlt Ihnen etwas?», fragte ich den Tankwart, der gerade in seiner Glaskabine Quittungen sortierte.

«Ja. Ungefähr 10 000 Schilling für einen Trip nach Aya Napa.» Doch kein Germanist, sondern ein klassischer Philologe?

«Sonst noch etwas?»

«Mein Chef würde es sicherlich für absolut geschäftsschädigend halten, wenn ich mich in meiner Arbeitszeit mit einem Fußgänger abgebe.»

«Wie kann ich Sie dazu bewegen, doch noch darüber nachzudenken, ob etwas fehlt?», fragte ich.

«Schwierige Frage.»

«Okay. Mir liegt wirklich daran. Heute ist ein besonderer Tag für mich.»

«Kommen Sie eigentlich für gewöhnlich ohne Psychopharmaka aus?»

«So gut wie immer.»

Der Tankwart begann wieder, in seinen Rechnungen zu blättern. Ich blieb einfach stehen wie ein Baum, der auf den Herbst wartet.

Ohne von seiner Zettelwirtschaft aufzublicken, sagte der Tankwart: «Sehen Sie die Brücke?» Südlich der Tankstelle führte eine Fußgängerbrücke über die Bundesstraße. «Der Verrückte mit der weißen Kapitänsmütze und dem Haarföhn im Anschlag fehlt – keine täuschend echt imitierten Tempomessungen mit der Laserpistole heute, keine Autofahrer, die sich mit quietschenden Reifen einbremsen.»

«Ist das der Gleiche, der auch mit Stoppuhr und Diktiergerät Autos registriert?»

«Exakt. Roberto Blanco. Er kauft immer seine Zigaretten bei mir im Tankstellenshop, das heißt, eigentlich versucht er sie zu schnorren.»

«Und er heißt wirklich Roberto Blanco?»

«I wo, ich nenne ihn nur so, weil er meistens blank ist.»

Fünf

Die Fußgängerbrücke aus verwittertem Magerbeton, braun und orange bemoost und beflechtet, spannte sich wie ein schiefer, verfaulender Zahnstocher über die vierspurige Bundesstraße, die eigentlich eine Stadtautobahn war. In den sechziger Jahren errichtet, waren der Brücke, da die Ränder der hochrangigen Straße im Lauf der Zeit dicht mit Tankstellen, Fast-Food-Drive-ins, Heimwerkermärkten und Megashops mit Parkplätzen und kleinen Tiefgaragen verbaut wurden, die Fußgänger ausgegangen. Kein Harlander, der etwas auf sich hielt, ging heutzutage noch zu Fuß, die Kinder kamen hier bereits mit Bleifuß und reserviertem Studienplatz in der Fahrschule auf die Welt, und so war die Zahnstocherbrücke aus der optimistischen Zeit der einsamste Ort in der Stadt. Roberto Blanco hatte unter den gleichgültigen Augen des Tankwartes, der Kaffeehausbesucher und Zigtausender Autofahrer wohl Tage und Wochen, vielleicht Monate – ebenso allein wie ich – auf dieser Brücke verbracht, mit seiner exzentrischen Beschäftigung die Zeit totschlagend.

Ich betrat das Bauwerk vom östlichen Aufgang, der nur einige Dutzend Meter von der Tankstelle entfernt lag. Zwischen den Betonritzen der Bodenplatten wucherte Unkraut, das kein Flaneur, kein Passant mehr niedertrat, in Vertiefungen und Ecken hatten sich Zeitungsfetzen, Vogelkot und Flugsand angesammelt, das Geländer aus dünnen Eisenrohren war vollständig verrostet. Die Brücke vibrierte kaum merklich unter dem dünnflüssigen Morgenverkehr unter ihr. Südlich davon flimmerte die Autobahn wie eine Fata Morgana aus Staub und Metall und Tod. Im Westen stand braunvioletter, moribunder Wald, von dem alle paar Tage ein Stück abbrannte zum Gaudium der jugendlichen Florianijünger. Im Osten und im Norden stauten sich schon seit Wochen die drückenden Wolkenformationen einer Warmfront über der Stadt, in der es fast nur mehr heißblütige Hitzköpfe zu geben schien. Der Himmel führte eine Thermotherapie mit Harland durch.

Ich ging auf den westlichen Abgang der Brücke zu und las mit Blick nach Süden die Nummernschilder der unter mir hindurchschießenden Fahrzeuge ab. Plötzlich stieß mein Fuß gegen Glas. Eine leere Flasche Inländer-Rum, Dutzende Zigarettenkippen auf dem rissigen Betonboden, noch zwei Flaschen etwa in der Mitte der Brücke. Der billigste und zugleich hochprozentigste Fusel, den man sich in der Stadt beschaffen konnte, und – ich hatte mich nach einer Kippe gebückt und die

Aufschrift knapp unter dem Filter abgelesen – ‹Flirt›-Zigaretten, eine Billigsdorfer-Marke für kapitalschwache Nikotinsüchtige. Roberto Blanco war tatsächlich blank gewesen.

Sehr viel mehr hätte man auch mit einer Lupe, einem Elektronenmikroskop oder der Personalreserve des FBI nicht feststellen können, und so ging ich weiter auf den Abgang zu, diesmal aber den Blick pflichtbewusst einige Zentimeter vor den Fußspitzen. Dabei, so dachte ich, hatte mich gar niemand in die Pflicht genommen, ich war ohne Auftraggeber, ich war, weil ich mich nach Monaten des öden Nichtstuns für meinen Beruf entschieden hatte, einfach losmarschiert, ein sturer Hund auf einer Spur, die vielleicht gar keine war, auf der Suche nach einem unwichtigen Menschen in einer unwichtigen Stadt. Na los, die Nase auf den Boden, Miert!

Die Stufen des westlichen Aufganges waren ebenso verwittert wie die seines östlichen Pendants. Der Putz bröselte aus den Fugen, und der Beton hatte mehr Sprünge als ein Reliquienzahn. Es gab dort nichts, was auf Roberto Blanco hingedeutet hätte. Im Westen nichts Neues.

Sechs

Als ich über die Brücke wieder zurückging, hatte ich das Band, an einer Strebe des verrosteten Geländers hängend, entdeckt. Es war ein dünnes Tonband, wie man es in den Minikassetten von Diktiergeräten verwendete, an einer Stelle gerissen, rund zwei Meter lang, von der Sonne bereits an einigen Stellen ausgebleicht. Ich steckte das Knäuel für alle Fälle ein und machte mich auf den Weg zurück in die Birkengasse, diesmal ertaubt, erblindet, mit zugekniffener Nase gegenüber den sinnlichen Eindrücken des vertrauten Grätzels.

Jeder Anfang hat seine eigene Poesie, und wenn einer zum Beispiel zum ersten Mal einen neuen Beruf in die Hände nimmt und wirklich ausübt, schlägt sein Gehirn auch schon die Funken, die Jahre später den Glanz der Erinnerung ergeben. Aber jeder Anfang ist auch eine Verengung, ein schmaler Tunnel, vor dem man Ballast zurücklässt, um vorwärts zu kommen. Ich ging den Weg durch die Steinfeldstraße, querte die Josefstraße, eilte durch die Sensengasse und erreichte die Birkengasse, aber ich beobachtete nicht mehr wie ein flanierender Amateur, der alle Zeit der Welt hat, sondern wie ein Profi, für den Chronos der Gott der knappen Ressourcen ist. Das zerrissene Band konnte nichts bedeuten, aber auch dass Roberto Blanco in Gefahr war oder schon fetter, gelber Dünger für die Lilien.

Die Birkengasse im Süden Harlands war als Teil eines Paraden- und Aufmarschstraßenrings in der Zeit der Gauwirtschaftshauptstadt angelegt worden und hätte Richtung Südwesten mit einer Brücke aus schwarzem Marmor gekrönt werden sollen. Allerdings wurden die städtischen Ingenieure nach Stalingrad eingezogen und die Kolonnen polnischer Zwangsarbeiter in einem Rüstungsbetrieb zu Tode schikaniert. Geblieben war der inzwischen unbedeutenden Gasse von der zugedachten Ruhmesfunktion nur die Breite von knapp dreißig Metern. Auf einer solchen Fläche hatte auch mein Kübel bequem Platz. Der Ford Granada war Viert- oder Fünftbesitz. Der letzte ‹Besitzer›, ein knapp sechzigjähriger Heiratsschwindler mit Hasenscharte und mehr Schulden als Haaren auf dem Kopf, hatte es geschafft, in knapp vier Jahren nicht eine einzige Leasingrate für sein schnittiges Gefährt zu bezahlen. Als ich ihn im Auftrag der Intercash Factoring Bank aufgestöbert hatte, war er gerade dabei, sich im Fond die Pulsadern aufzuschneiden. Ich hatte noch nie einen Menschen so jämmerlich fluchen gehört wie ihn, als ich ihn in der

Erstversorgung des Harlander Zentralkrankenhauses ablieferte.

Als ich den Wagen der Intercash zurückstellte, wollten sie ihn dort der indezenten Flecke wegen nicht mehr haben, und er wurde mir quasi als Dienstfahrzeug zur Verfügung gestellt. Ich riss die Bezüge der rückwärtigen Sitzbank heraus und verstaute im Aschenbecher eine Dose Pfefferspray, aber ansonsten ließ ich das edle Interieur aus den frühen siebziger Jahren unverändert. Mittlerweile war nur mehr der dritte und fünfte Gang im Getriebe einlegbar, im Winter auch der erste, aber man kann auch mit dem dritten, etwas Geduld vorausgesetzt, wunderbar anfahren, und wer braucht auf der Autobahn schon etwas anderes als den hochtourigsten Gang?!

Wider Erwarten kam ich auch diesmal mit dem dritten Gang und knatterndem Auspuff los und beschleunigte schon nach drei Minuten Richtung Innenstadt.

Sieben

Der Harlander Sandlerkönig legte Wert auf sein selbst verliehenes Adelsprädikat – Friedrich von Wittelsbach – und war auch sonst eine Respektsperson unter den Obdachlosen der Stadt. Im Winter vergab er hart, aber herzlos gegen geringe Gebühr die frostsicheren Schlafstellen im Kanal, in Garagen und Abbruchhäusern, und so mancher Penner, der seinen Obolus nicht entrichten wollte oder konnte, ist schon mit einer Bierflasche halb tot geschlagen worden oder eben einfach erfroren. Geschäftlich war er auch im Sommer umtriebig unterwegs, um den Geschäftsleuten der Innenstadt selbst kolorierte Glückwunschkarten Monate vor oder nach einem Geburtstag oder einem Firmenjubiläum gegen freie Spenden anzubieten. Wer seinen Obolus nicht entrichtete, konnte sicher sein, einen krakeelenden Wittelsbacher ein, zwei Tage vor seinem Geschäftslokal zu haben, der auch nach wiederholter Arretierung durch die Sicherheitswache alles daransetzte, die Kunden nach allen Regeln der Kunst zu vergraulen. Abseits seiner Strafaktionen befleißigte er sich jedoch selbst in alkoholisiertem Zustand einer geradezu altdeutschen Höflichkeit und der hochdeutschen Standardsprache.

Ich hatte die Kantgasse, den Resselplatz und die Kreuzgasse abgefahren und ihn schließlich in der Brunnengasse entdeckt, mit vier oder fünf Promille Blut im Alkohol umständlich seine Karten ordnend. Ich kurbelte das Fahrerfenster herunter, sprach den geschäftstüchtigen Sandler an und teilte ihm mit, dass ich in vier Monaten Geburtstag habe. In diesem Fall, antwortete der Sandlerkönig, wolle er mir mit dieser schönen Karte, einen Wiesenmohn beim Selbstmord darstellend, alles Gute zum Wiegenfeste wünschen und mich zu einer kleinen Spende ermuntern. *Help the homeless.* Wo das werte Geburtstagskind denn sein Geschäft habe? Mein Geschäft, replizierte ich, liege in Fragen begründet, und an der Stichhaltigkeit und Präzision der erhaltenen Antworten werde sich auch die Höhe der freien Spende bemessen.

Roberto Blancos richtiger Name, diese Auskunft kostet mich schließlich den Gegenwert eines Herrenhemdes mittlerer Preislage, war Franz Schmidt, und er wohnte als langjähriger, längst entmündigter Sozialhilfeempfänger und stadtbekannter Sonderling in der Eisnerstraße 4, einer bedenklichen Adresse. «Schuldet er Ihnen Geld? Da werden Sie aber ganz schön Pech haben!», sagte der Sandlerkönig hämisch.

«Nein. Ich habe mich nur plötzlich wieder an ihn erinnert.»

«Das ist manchmal unangenehm», sagte Friedrich von Wittelsbach.

«Ich finde, Sie halten sich ganz tadellos», verabschiedete

ich mich. Es gab Leute auf der Welt, die wussten, wo es lang-
ging. Die Erfrorenen dagegen hatten einfach keine Ahnung
gehabt.

Acht

Ich bin kein Schlosser und kein Schränker. Die Feinheiten
der diversen Verriegelungsmechanismen sind mir bisher ver-
borgen geblieben. Mit einem kleinen Schraubenzieher sto-
chere ich für gewöhnlich blind im jeweiligen Schlüsselloch
herum, und wenn das nicht funktioniert, werfe ich mich ganz
einfach gegen die Tür. Mit einer Kreditkarte oder einem Ste-
thoskop, wie von Hollywood empfohlen, habe ich es nie versucht, aber bisher hat noch kein Schloss meinem etwas rabia-
ten Charme widerstanden. Auch Franz Schmidts Türschloss
zu seinem Kabuff in der Eisnerstraße 4, dem so genannten
Einquartierungshaus, nicht.

Ich war in einem spannenden Einbahnslalom von der
Brunnengasse durch die Kaiserstraße dorthin gelangt, das
Ganze war nicht einmal einen Kilometer vom Stadtzentrum,
vom Bischofssitz und von den Boutiquen entfernt und doch
eine andere Welt. Erbaut im vorigen Jahrhundert für durch-
ziehende Truppenkörper, welche die Bürgerschaft nicht
mehr in ihren Privatwohnungen übernachten lassen wollte,
war das Einquartierungshaus einst eine historistische Schön-
heit gewesen, eine schönbrunnergelbe Imitation eines Re-
naissance-Palazzos. Nach dem Ersten Weltkrieg hatte man
die ärarischen Kompanie-Schlafsäle mit Verschlägen in win-
zige Notwohnungen umgebaut. Nun wohnten Harlands
Gestörte, Schnapsdrosseln, Sandler, Verhaltensoriginelle,
kurz: der vom Sozialamt eingewiesene Ruß mietfrei in die-

ser Festung des Elends. In Harland bestand das Ghetto aus einem einzigen Haus, das mittlerweile vor sich hin gilbte und nach den Gesetzen der Statik auseinander bröckelte. Denn Handwerker wagten sich schon seit Jahrzehnten nicht mehr hinein, das Amt ließ sowieso keine Reparaturen machen.

Als ich den Granada vor der Hungerburg abstellte, trat ein dunkelblonder, käsiger Junge von vielleicht vierzehn, fünfzehn Jahren im gelb verbrannten Gras des Bürgerlichkeit nur sehr mühsam vortäuschenden Vorgartens ohne Unterlass auf einen am Boden liegenden, dunkelhaarigen Gleichaltrigen ein. Der Getretene konnte nicht mehr aufstehen, schrie aber nach jedem Tritt seinen Peiniger an. Ich ging unbeteiligt wie ein Staubsaugervertreter auf den Haupteingang zu, der in etwa seit dem Vertrag von Rapallo durch kein Tor mehr verschlossen war. Im Inneren war es dunkel wie in einem Magen. Die meisten Briefkästen im Erdgeschoss waren aufgebrochen worden, so auch der von Franz Schmidt, aber durch einen Aufkleber gab er dem Briefträger bekannt, dass er im Mezzanin in der dritten Wohnung rechts logiere. Irgendwer hatte ein großes Fragezeichen unter diese Mitteilung gemalt. Wahrscheinlich der Briefträger selbst, der wohl keinen Schritt zu weit in dieses Haus hineinging, in dem an die hundert Leute gemeldet waren, aber wahrscheinlich noch einmal so viele als U-Boote hausten. Ich stolperte weiter über zerbrochene Bodenfliesen ins Grauschwarze hinein. Ich bemühte mich, an keine der über dem Putz verlegten Leitungen anzustreifen und fand wider Erwarten Schmidts Wohnung im Halbstock rechts. Von der Klingel war nur mehr ein Stück Kupferdraht übrig, das aus einer Öffnung im Türstock hing. Ich klopfte, wartete, klopfte wieder. Hinter der Tür rührte sich nichts, das Einzige, was ich hörte, war mein Atmen. Da entschloss ich mich, die Tür ganz einfach mit meinem nicht unerheblichen Körpergewicht aufzustemmen.

«Hallo, ist da jemand?» Alles eine Frage der Höflichkeit, fand ich.

Hinter mir lief der käsige Junge drein, und als ich ihn fragte, was er denn in einer fremden Wohnung zu suchen habe, zog er wortlos ein Fixiermesser und begann hastig, den Polster auf dem Klappbett aufzuschlitzen.

Ich beschloss, einigermaßen ratlos, mich nicht darum zu kümmern – so wie man sich im Dschungel nicht mit einer Anakonda anlegt, die gerade einen anderen auffrisst – und schaute mich in der Einzimmerwohnung mit Fenster in einen Lichthof um. Viel gab es nachgerade nicht zu sehen. Aus dem offenen Kleiderschrank stank es zwar nach alten Fetzen, aber offensichtlich nicht nach der Leiche Franz Schmidts, und zwei aus umgedrehten Bierkisten aufgetürmte Stühle gaben ebenso wenig her wie die mit Bartstoppeln und Haaren übersäte Waschmuschel und der Campingtisch aus weißem Plastik. Auf dem Boden lagen alte Zeitungen, Schuhe, ein paar Töpfe und eine Menge leerer Flaschen im ganzen Raum verstreut.

Der Junge hatte inzwischen auch schon die Matratze aufgeschlitzt und widmete sich jetzt wortlos der Durchsuchung des Kastens, sodass ich die beiden Regale über dem Bett näher examinieren konnte. Sie waren vollkommen leer, aber viereckige Staubränder verrieten, dass hier vor gar nicht so langer Zeit noch etwas gestanden hatte, eine Sammlung von Videokassetten etwa. Der junge Wilde, dachte ich, war zu spät gekommen. Wenn es in der Wohnung irgendetwas Wertvolles gab, dann war es längst perdu.

Als der Junge begann, mit dem Messer die Bodenverschraubung des Dauerbrandöfchens unter dem Fenster zu lösen, trat ich hinter ihn und schlug ihm mit dem Einzigen, was ich im Moment zur Verfügung hatte, natürlich einer leeren Rumflasche, über den Hinterkopf. Der Bub ging zwar in die Knie, aber nicht zu Boden, sodass ich mit zitternden Beinen einen Tritt in den Rücken folgen ließ. Diese Aktion, so gestand ich mir später ein, war umso sinnloser und grauenhafter, als sich im Ofen nichts, nicht einmal Asche, fand, es sah so aus, als wäre seit Jahren nicht mehr eingeheizt worden.

Neun

«Sind Sie mit ihm verwandt?»

«Nein.»

«Schuldet er Ihnen Geld?»

«Auch nicht.»

«Wollen Sie ihm etwas zurückzahlen?» Ein eindeutig zweideutiger Augenaufschlag des Fragenden.

«I wo, ich kenne den Mann nicht einmal.»

Der ältliche Sicherheitswachebeamte im Rathaus-Wachzimmer, der seine langen Hemdsärmel streng nach Vorschrift fünfzehn Zentimeter ab Handgelenk aufgerollt trug, hatte offenbar nicht die geringste Lust, nach Franz Schmidt zu suchen. Er hatte zwar zu Anfang ein Blatt in die Schreibmaschine eingespannt, im weiteren Verlauf meiner Erzählung, welche die Misshandlung des Minderjährigen natürlich nicht enthielt, aber keine einzige Taste angeschlagen.

«Unserer Erfahrung nach unternehmen solche Typen oft wochenlange Sauftouren in andere Bezirke, und eines Tages sind sie schwuppdiwupp wieder da.»

Als ich das Einquartierungshaus verlassen hatte, war der dunkelhaarige Junge nicht mehr im gelben Gras gelegen. Dafür waren alle Reifen des Granadas aufgestochen, der Wagen lag tief wie ein Ferrari.

«Wollen Sie Anzeige wegen Ihrer Reifen erstatten?»

Es roch vertraut nach Stempelfarbe im Wachzimmer, nach dem feuchten grünen Tuch der Uniformen und nach dem Ozon, das von den elektrischen Schreibmaschinen und Kopierern erzeugt wurde.

«Wollen Sie eine Razzia im Einquartierungshaus veranstalten?», fragte ich zurück.

«Dafür bin ich nicht mehr jung genug», antwortete der Polizist. «Außerdem ist es im Moment einfach zu heiß.»

Der Junge mit dem Fixiermesser war gemeinsam mit drei, vier Kumpanen, darunter auch der Getretene, aus der Hungerburg auf mich zugestürzt, und mir war nichts anderes übrig geblieben, als mit vier Platten einen Kavaliersstart hinzulegen, so gut es eben mit dem dritten Gang ging. Ein paar größere Kieselsteine trafen das Autoblech und die hintere Windschutzscheibe, aber auf den Felgen und etwas Gummi war ich dann unbehelligt bis zum nächsten Wachzimmer gerollt.

«Eine Frage hätte ich noch: Wenn Sie diesen Schmidt nicht einmal kennen, warum kümmern Sie sich dann um ihn?»

«Ist sonst noch jemand da, der sich um ihn kümmern könnte?», erwiderte ich und empfahl mich in eine Weinstube auf dem Rathausplatz, wo es eine Portion Spaghetti um den Preis einer Schachtel Zigaretten gab und teure toskanische Rotweine, die schon beim Transport im Plastikfass vollkommen verdorben waren. Noch vom Lokal aus hatte ich einen Abschleppwagen bestellt und dann der Verladung auf dem Rathausplatz zugesehen.

«Irgendwer hat Sie da aber gar nicht gemocht, Herr Miert», hatte der partieführende Mechaniker gelacht.

«Wer mag mich schon?», antwortete ich missmutig. Ich

hatte einen langen, vermutlich sinnlosen Fußmarsch zum städtischen Hauptfriedhof vor mir. Denn irgendein Onkel irgendeines Stadtvaters hatte zu Radetzkys Zeiten wohl eine saure Wiese teuer zu verkaufen gehabt, und so lagen die Toten seit damals weit außerhalb der Stadt.

Zehn

Eine ordentliche Personenanalyse, hatte ich in einer Broschüre der Handelskammer während des knapp zweitägigen Unternehmerkurses für angehende Privatdetektive gelesen, beginnt immer am Friedhof (der Rest des Kurses hatte neben Buchhaltung und Lohnverrechnung vor allem darin bestanden, dass der kriminalistische Vortragende, ein pensionierter Vizeleutnant des Bundesheers, Funktions- und Wirkungsweise des Sturmgewehres 77 der Firma Steyr erklärte). Ein Familiengrab sei ein Familiengrab, und die dort ablesbaren Daten seien der Grundstock für jede personenbezogene Recherche, hieß es.

Die Mierts sind für gewöhnlich in irgendwelchen todtraurigen Flecken im tiefsten Waldviertel oder in Südmähren verstorben, und so kannte ich den Harlander Hauptfriedhof glücklicherweise bisher noch nicht.

Links vom Haupteingang ein Krematorium im Plattenbaustil der sechziger Jahre, rechts die außen und innen stahlblau verflieste Aufbahrungs- und Einsegnungshalle, die eher einem Provinzhallenbad denn einem Sakralbau glich. Die Zeile um den Eingang wurde von den Marmorgrabmälern und Mausoleen der ersten Familien aus der zweiten Hälfte des 19. Jahrhunderts dominiert (der ganz alte Stadtadel lag in den Kirchen der Stadt und der umliegenden Herrensitze begraben). In den dahinter liegenden Reihen der schwarze Jugendstil der Grabmonumente des Besitz- und Bildungsbürgertums. Noch weiter hinten die Gräber der deutschen Beamten, der böhmischen Ziegelarbeiter, der slowakischen Maurer, der italienischen Mineure, dann die der kleinen Leute, der kleinen NSDAP-Mitglieder, die bis 1945 von Splitterbomben, Typhus und Ruhr, Gestapo und dem Feuer der Stalinorgeln dahingerafft wurden, und der sudetendeutschen Einwanderer, die die Stadt wieder aufgebaut hatten. Und in den stillsten, verwahrlosesten – und streng separierten – Teilen des Gottesackers lagen die ukrainischen Sturmkompanien und die Juden, die hier noch bis 1939 im letzten Winkel begraben werden durften, sich dann aber ein Grab in den Lüften suchen mussten.

Ich nahm das ebenso beiläufig wahr, wie ich vergeblich nach einem Lageplan suchte.

«Wo ist hier die Registratur?», fragte ich einen Arbeiter, der gerade dabei war, einen Komposthaufen mit aller gebotenen Pietät, das heißt Langsamkeit umzuschichten.

«Im Moment bin ich die Registratur. Das Büro hat Hitzeferien, weil irgendjemand die Klimaanlage sabotiert hat.»

«Na schön, ich möchte das Grab der Familie Gollwitzer besuchen, Kommerzialrat Gollwitzer.»

«Sind Sie ein Verwandter?», fragte der Arbeiter misstrauisch.

«Nur ein sehr entfernter. Zurückzuführen auf Adam. Adam Gollwitzer-Miert, meine ich.»

«Dacht ich mir, Sie sehen gar nicht wie ein Jud aus ...»

«Wie bitte?»

«Gollwitzer. Da müssen Sie auf den jüdischen Friedhof schauen, gleich da hinten», zeigte der Arbeiter mit seiner dampfenden Mistgabel.

Auf den meisten Gräbern, an denen ich bis dahin vorbeikam, stand ‹Hier ruht ...› oder ‹Ruhe in Frieden›, aber die da unten ruhten nicht, sie gaben keine Ruhe, und man hatte keine Ruhe vor ihnen.

Aber das wusste ich zu diesem Zeitpunkt noch nicht.

Elf

«Wir arbeiten ein Stück unserer Heimatgeschichte auf!», erklärte der junge Pädagoge mit den Sommersprossen und der Stoppelfrisur mit stolzem Blick auf seine mit Krampen und Schaufeln hantierende Schülergruppe. «Der jüdische Friedhof wird erst vom Pflanzenbewuchs befreit, danach stellen wir die umgestürzten Steine wieder auf und vermessen alles. Eine Projektwoche!»

Ich sagte nichts.

«Das Grab der Familie Gollwitzer-Miert, nach dem Sie suchen, kann hier irgendwo oder nirgendwo sein. Die Nazis haben die jüdischen Friedhofsregister verbrannt und in der so genannten Reichskristallnacht alle Grabsteine umgestürzt.»

«Wie lange wird es dauern, bis Sie sie wieder aufgestellt haben?»

«Wir haben Zeit bis zum Ende der Ferien. Wenn die Kinder durchhalten.»

Eine dürre, sandige Hitze lag über der Stadt wie die Saugglocke eines Klostampfers, und es rann wie warme Milch über meinen Rücken, auch wenn ich den Arbeiten nur zuschaute. Ganz Harland war ein Warmhalteteller, auf den eine überhitzte Heizsonne ihre Strahlen nieder sandte.

«Wer finanziert Ihre Arbeit, wenn ich mal fragen darf?»

«Finanzieren ist gut. Die Kinder haben sich einfach aus

dem Gartenwerkzeug Ihrer Eltern bedient. Im Übrigen ist alles sehr kompliziert.»

«Wieso?», fragte ich.

«Also, das Grundstück gehört wieder der Kultusgemeinde in Wien, aber da es in Harland keine jüdische Gemeinde mehr gibt ... Wer sollte für die Erhaltung aufkommen? Andererseits ist die Republik von den Alliierten zur Kriegsgräberfürsorge verpflichtet worden, nur hat sie halt kein Budget dafür oder so ein kleines, dass dieser Friedhof nicht darin aufscheint. Die Arbeiten wiederum, die wie gesagt vom Bund finanziert werden müssten, macht nolens volens die Friedhofsverwaltung, also die Stadtgemeinde. Seit fünfzig Jahren ist nichts mehr getan worden für die Erhaltung, so läuft das in Österreich.»

«Ich würde Sie gerne fragen, warum Sie das machen, aber wahrscheinlich geht mich das gar nichts an.»

«Genau. Kommen Sie lieber morgen wieder und nehmen Sie eine Schaufel mit.»

«Ich überlege es mir.»

Die Toten kicherten.

Zwölf

«Ich wollte, dass Sie die Reifen schnell irgendwie flicken. Ich wollte keine neuen Formel-1-Hochgeschwindigkeitspneus, die noch dazu aus Gold sein müssen, wenn man sich diese Rechnung hier anschaut!» Mein Protest fruchtete wenig, außer dass mir der Meister quasi als Rabatt eine Packung Michael-Schumacher-Präservative – ‹Damit Sie schneller ans Ziel kommen!› – in die Hand drückte. Hier arbeiteten eben noch richtige Männer für richtige Männer. (Frauen hatten einfach zu wenig Sinn für die Automobilistik, die fuhren ihre

Schüsseln, bis sie unter ihnen zusammenbrachen oder eine neue Lackierung in Mode kam.)

«In Ihren Gummis waren Schnitte, tiefer als der Grand Canyon. Wenn Sie wissen, was ich meine.»

Zwischen dem Gottesacker und dem Güterbahnhof am westlichen Stadtrand lagen nur die großmaschinell bearbeiteten Felder der Friedhofsmonopolgärtnerei, aus denen mir noch der verfaulend-würzige Geruch der typischen Friedhofsblumen – Chrysanthemen, Eisbegonien und Astern – in die Nase schlug, als ich längst verbotenerweise die Gleise überquert hatte und auf die kleine Hinterhofwerkstatt zugesteuert war, die ich angerufen hatte, um mein angejahrtes Baby vom Rathausplatz zu bergen.

«Wir nehmen auch Ihren Wagen in Zahlung, bis Sie zahlen», drohte der Meister.

«Schon gut. Schenke ich meinen sieben Kindern halt nichts zu Weihnachten.» Ich drapierte die Scheine auf dem Kassatisch und erhielt dafür die Schlüssel.

«Wenn Sie mal über ein neues Gefährt nachdenken – wir haben liebevoll restaurierte Havarien, Ford, BMW, Lancia, Mercedes, alles, was das Herz begehrt!»

«Bei dieser Hitze denke ich nicht. Außerdem kann ich mir ja nicht einmal Ihre Reifen leisten», empfahl ich mich. Nach meinen Berechnungen war ich seit eben pleite.

Dreizehn

Der Junge mit dem käsigen Gesicht marschierte geradewegs durch die Kassenhalle des Harlander Hauptbahnhofes, die zur Zeit des Büroschlusses voller Pendler war, und hielt dabei den Blick so auffällig unauffällig auf die Schließfächer rechter

Hand von den Schaltern gerichtet, dass ihn ein Bahnpolizist schon zu mustern begann. Offenbar war das Früchtchen hier so bekannt wie ein bunter Hund.

Ich hatte ihn auf der Heimfahrt per Zufall auf der Parkpromenade gesehen, als er sich gerade an einem Zeitungsständer zu schaffen machte. Der Junge war mit einem Schraubenzieher recht geschickt und knackte die kleine Kasse mit den Münzen in nicht einmal zwei Minuten. Zeit genug für mich, den Wagen rasch abzustellen und mich zu Fuß auf die Fersen des hoffnungsvollen Jungkriminellen zu heften, wobei ich mir über eines beunruhigend klar war: Es war mir vollkommen unklar, warum ich dem Rotzlöffel überhaupt nachging. Ich besaß zwar ein Gehirn, gebrauchte es im Dienst – so nannte ich insgeheim mein Herumirren ohne jeden Auftrag – aber nur selten. Lieber verließ ich mich auf meinen großen Waldviertler Sturschädel (die paar Beulen darauf, die ich mir auf diese Art und Weise zuzog, nahm ich halt in Kauf).

Die Verfolgung war allerdings wesentlich unspektakulärer verlaufen als im *Dritten Mann* etwa, der Junge promenierte von der Promenade auf den Bahnhofplatz und dort direkt auf das Bahnhofsportal zu. Er sprach mit niemandem und wurde von niemandem angesprochen. Er war so leicht zu verfolgen wie eine Weinbergschnecke und blickte sich nicht ein einziges Mal um, so als ob er überhaupt keine Halswirbelsäule besäße.

Die Halle hatte er durch den Hintereingang verlassen und war geradewegs zum Einquartierungshaus getrappelt, wo er im höhlenartigen Eingang verschwand. Er hatte sich vom erbeuteten Kleingeld nicht einmal eine Wurstsemmel gekauft.

Dem Jungen konnte nur die Nacht helfen, die für mich eine lange zu werden drohte.

Vierzehn

Der einzige Eingang zum Sparkassenpark wurde durch Josef II. mit pedantisch nüchternem Blick behütet. Der kaiserliche Aufklärer hatte allerdings im Laufe der Zeiten seine rechte Hohlgusshand und seine kupferne Prachtperücke eingebüßt, und neuerdings hatte sich sogar irgendwer die Mühe gemacht, ihm eine Damenbinde in den Schritt zu kleben.

So stand es also mit der Vernunft in Harland. Nicht viel besser übrigens als mit dem Park insgesamt, der im wahrsten Sinne des Wortes dahinvegetierte, zuwuchs wie Dornröschens Schloss, seit die Sparkasse vor Jahren in die Miesen gerutscht war. Das Gras breitete sich langsam über die Schotterwege aus, das Totholz in den Baumriesen reichte bereits für zehn Ödön von Horváths, und die meisten der morschenden Bänke waren zusammengebrochen wie der erste Marathonmann.

Einen Vorteil hatte der Park jedoch: Man konnte von seinem östlichen Rand, einem veritablen Gebüsch aus Flieder, Wacholder und Heckenrosen, die Prachtseite des gegenüberliegenden Einquartierungshauses und die Eisnerstraße davor gut observieren, wovon ich nun schon seit einer Stunde ausgiebig Gebrauch machte. Von meinem Hemd hing bereits eine Hand voll Fetzen in den Dornen, und ich hatte die Erfahrung machen müssen, dass nach Ausscheidung lechzende Hunde oder irgendwelche sonstigen Viecher offenbar Wacholder bevorzugten. Ansonsten hatte sich nichts ereignet. Außer dass einige Bewohner des Einquartierungshauses im verbrannten Gras des Vorgartens ein bestens improvisiertes Weinpicknick veranstalteten und sich die Dämmerung wie ein seit Monaten nicht mehr gewaschenes Leintuch über den menschenleeren Park legte. Im Osten nichts Neues.

Plötzlich, die Abwechslung schickte sicherlich Oberon,

hörte ich Kies knirschen und wandte mich einem hoffentlich spannenderen Geschehen im Park zu. Die rundliche Dame, die da herankam und aussah wie das fünfzehnte Rad am Wagen eines Pfarrgemeinderates, war offensichtlich auf der Suche nach Tauben, die es hier nicht mehr gab, weil in dieser Wildnis die Greife wieder das Regiment übernommen hatten. Jedenfalls wedelte sie mit einem durchsichtigen Plastiksackerl voller Semmelbrösel herum und stieß wenige Meter von meinem Standplatz entfernt schwache, aber hörbare Gurrlaute aus. Den dürren Mann in einer speckigen blauen Hose und ebensolchem Pilotenhemd bemerkte ich allerdings erst, als er, irgendwelches Zeug brabbelnd, auf die ältliche Tierfreundin zuging und dabei frisch, fröhlich und frei onanierte.

Auf das gellende Geschrei der Pfarrgemeinderätin brachen zwei Liebespaare und mindestens drei weitere Spanner aus dem Gemüse. Alle rannten schließlich fluchend an Joseph II. vorbei auf das Eingangstor zu. Auch mir blieb nichts anderes übrig, denn dieser Beobachtungsposten, in den binnen kurzer Frist zweifellos die Polizei einrücken würde, war zunächst einmal für mich verloren. Nur der dünne Mann blieb noch eine romantische Minute, um das Begonnene zu vollenden, und machte sich dann durch ein Loch im Zaun davon.

So endete ein Sommernachtstraum.

Fünfzehn

«Diesmal habe ich keinen Geburtstag. Nicht einmal Namenstag», blaffte ich, aber Friedrich von Wittelsbach ließ sich davon nicht im Geringsten abschrecken. Er platzierte sich direkt neben mich auf einem der orangeroten, am Boden fest verschraubten Plastiksessel und nahm meine ursprüngliche

Blickrichtung auf die Schließfächer in der Kassenhalle ein. In die Wand neben den Schaltern waren drei Reihen Schließfächer eingelassen, 30 Fächer insgesamt, wovon in 26 Schlössern ein Schlüssel steckte. Nur vier Safes waren belegt.

«Sie haben sich gerade auf einen verfaulenden halben Pfirsich gesetzt», teilte ich ihm freundlich mit.

«Ich liebe Pfirsiche», sagte von Wittelsbach.

Durch den militärisch olivgrünen Ölfarbboden, die grauschwarzen Fliesen, die verdreckte Milchglasfront gegen den Bahnhofvorplatz und die trübe Beleuchtung strahlte die Halle den diskreten Charme eines Bukarester Schlachthofes aus. Der Zeitungskiosk, die Bäckerei, die Trafik und die Fahrkartenschalter waren längst geschlossen und mit Rollgittern fest verrammelt.

«Haben Sie Franz Schmidt angetroffen?», fragte von Wittelsbach betont beiläufig. Eine Bordeaux-Magnumflasche hatte er zwischen seinen Knien auf den Boden gestellt und behütete sie mit gelegentlichen, überaus zärtlichen Blicken.

«Der Kerl ist verschwunden, wenn es Sie weiß Gott, wieso, interessiert.»

«Ich bin eben ein vielseitig interessierter Mensch. Zum Beispiel interessiert es mich brennend, was Sie von ihm überhaupt wollen? Von so einer Existenz?»

«Vom Reiz des Indirekten halten Sie wohl wenig? Oder?»

«Oder was Sie um diese Zeit hier wollen?»

«Mit Ihnen Konversation treiben natürlich», antwortete ich.

Auf einen solchen Unsinn fiel von Wittelsbach nichts mehr anderes ein, als wieder auf die Schließfächer zu starren. Auf die vier besetzten Schließfächer.

«Schließfächer sind etwas Interessantes», ließ er sich nach einer Weile wieder vernehmen. «Vor allem, wenn man keinen Schlüssel hat.»

Wo er Recht hatte, hatte er Recht, fand ich.

«Eigentlich bin ich ja hier, weil mich meine Göttergattin für heute an die Luft gesetzt hat. Wüssten Sie nicht ein Plätzchen zum Schlafen für mich? Ich bin auch vollkommen stubenrein.»

«Sie sind nie und nimmer verheiratet!», antwortete von Wittelsbach bestimmt.

«Warum nicht?», fragte ich, doch einigermaßen verblüfft.

«Weil Sie keine Falten um die Nase haben.»

Der Junge hatte durch das Milchglas nicht in die Kassenhalle sehen können, aber als er den ersten Schritt in sie hinein getan hatte und meiner und von Wittelsbachs gewahr wurde, zuckte er auch schon mit dem ganzen Körper zurück und war wieder in der Nacht verschwunden.

Ich, der ich näher zum Eingang als mein Gesprächspartner saß, bemerkte das spähende Babyface zwischen zwei Lidschlägen. Im selben Moment stieß ich auch schon von Wittelsbachs Weinflasche in einem Reflex mit der Spitze meines linken Fußes um.

«Entschuldigung, aber ich bin Epileptiker.»

«Wissen Sie überhaupt, was Sie da verschüttet haben!?», brauste von Wittelsbach auf. Der Trick hatte funktioniert.

«Sicher keine Muttermilch. Wenn Sie diesen Schmidt für mich auftreiben, kaufe ich Ihnen eine ganze Kiste davon», versuchte ich von Wittelsbach zu beruhigen und überreichte ihm meine Karte, worauf unter zwei Paar gekreuzter Handschellen mein Name und meine Handynummer eingedruckt waren. Ich fand das Motiv absolut albern, aber die Visitenkarten hatte es gratis beim Handelskammerkurs gegeben. *Service is our success.*

Während von Wittelsbach die Karte automatisch in Empfang nahm und trotzdem eben zu einer Schimpfkanonade ansetzen wollte, erschien pfeifend ein Bahnbeamter in blau ver-

34

waschener Uniform in der Halle, einen Handkarren vor die Schließfächer schiebend. Immer noch pfeifend – ein diffiziles Medley aus «I was born under a wandering star», dem Wachauschifferlied und der Ode an die Freude –, zückte er einen Nachschlüssel und begann die vier besetzten Fächer zu räumen. Eine Sackleinentasche im ersten Fach, eine Kartonrolle im zweiten, ein Turnbeutel im dritten und im vierten schließlich ein gelbes Billa-Nylonsackerl, aus dem der Kopf einer toten Katze hervorlugte.

Sechzehn

Der breite Echsenrücken der Birkengasse strahlte noch immer eine trockene Hitze aus, und die Luft war so warm wie Babybadewasser. Die Nacht drückte auf die Erde. Außer dem Patrouillenwagen der Wach- und Schließgesellschaft, die die meisten Gewerbebetriebe der Gegend unter Vertrag hatte, gab es im Weichbild der Gasse um diese nachtschlafende Zeit nicht mehr viel zu sehen.

Ich parkte den Granada direkt vor dem kleinen Lagerhaus, dessen verrostetes Vorhängeschloss auch diesmal wider Erwarten aufging, wenn auch erst nach vier Komma fünf Minuten, was keine schlechte Zeit darstellte.

Der erstschlechteste Makler, dem ich in Harland in die Hände gefallen war, hatte mir nicht nur den Lagerraum einer in Ausgleich befindlichen Weinhandlung am Ende der Birkengasse als Loft, sondern auch eine Verkostung angeboten.

Der betörenden Düfte und Bouquets des noch halb vollen Magazins wegen hatte ich den Einjahresvertrag unterschrieben.

Als ich einige Tage später wieder nüchtern war und bemerkte, dass das Lager kein Bad, kein WC, keine Küche, keinen Telefonanschluss und keine Heizung, dafür aber ein Wellblechdach hatte, hatte sich der Makler bei einer reichlich exquisiten Sexualpraktik versehentlich erhängt, und der Weintrödler war endgültig in den Konkurs geschlittert. Was mir nach dem SA-haften Auftritt des Masseverwalters noch verblieb, waren zwei Flaschen eines gebrochenen Beaujolais und einige Gelegenheit zur Selbsthilfe. Ich wurde bald neben diversen Pfadfindergruppen der beste Kunde der Firma Outdoor-Experts: Man gewöhnt sich mit der Zeit selbst an ein Campingklo, eine elektrische Grillplatte, ein Feldbett aus Restbeständen der Roten Armee und die periodisch notwendig werdenden Besuche im städtischen Tröpferlbad. Den vorderen Teil des Lagers trennte ich mit Rigips-Wänden ab und richtete mir den Raum als Büro- und Empfangsraum ein. Ein wuchtiger schwarzer Eichenschreibtisch vom Flohmarkt, dessen Fächer ebenso leer waren wie der gusseiserne Registerschrank aus derselben Bezugsquelle, drei Stühle aus der Sperrmüllsammlung und zwei in frischem Rosa und Grün expressionistisch hingekotzte Ansichten des Appenzeller Landes von einem genialischen Harlander Maler, der fast mein erster Klient geworden wäre, sich aber dann doch wieder mit seiner Xanthippe vertrug, machten die innenarchitektonisch unglaublich ausgewogene Einrichtung aus.

In der Post die üblichen Kataloge, mit denen man mir selbstrepetierende Gaspistolen, Chrom-Vanadium-Handschellen, Sprudelbäder Marke Champagner und Jungfrauen aus Gummi mit drei Jahren Garantie verkaufen wollte. Zielgruppenwerbung nannte man das wohl.

Ich war so müde, dass ich selbst auf dem Feldbett schnell einschlief.

Heimat ist, wo man geboren wird auf Kosten der Krankenkasse, oder vielleicht der Einzugsbereich jenes Postamtes, das die meisten Partezettel austrägt, wenn es einmal so weit ist. Heimat ist dort, wo man seine Salatgurken kauft und sich über den niedrigen IQ eines Gemeinderates ärgert.

Heimat ist ein Geruch nach Schokolade und Bettnässen und erbrochener Milch, nach Heftpflaster und Kirschen aus dem Supermarkt, nach alten Karl-May-Bänden, den Abgasen der nahen Kunstseidefabrik, der Gestank des Müllabwurf-schachtes im Gemeindebau.

Heimat ist, wo man Koschanosch statt Imbiss sagt und im Leberkäse niemand nach Leber sucht.

Siebzehn

«Haben Sie ein Schlauchboot?»

«Nein, aber dafür eine Luftmatratze mit nicht mehr als zehn Löchern», antwortete ich wie aus der Pistole geschossen. Zu diesem Zeitpunkt hielt ich meine Antwort noch für einigermaßen witzig.

«Na ja, immerhin. Ich komme vorbei», hatte die Stimme noch gesagt. Dann wurde der Hörer auf die Gabel gelegt.

Die Stimme war keimfrei und kalt wie ein Kleenex, ich besaß nicht einmal Schwimmflügerl, und es war ein öliger Hundstagmorgen Mitte Juli.

Was zehn Minuten später zur Tür meines aparten Büros hereinkam, war ein großes Mondkalb im dunkelblauen Zwei-reiher und mit einer unauffälligen, knallroten Krawatte, die es wohl beide im Ausverkauf erstanden hatte. Es hatte ein gro-ßes, unmäßiges Gesicht, das aussah, als würde es nun schon seit einer Woche darin übernachten, fernsehrote Augen und eine wirre Junggesellenfrisur, was zuverlässig darauf schließen ließ, dass es verheiratet war.

«Sie sollten ihr Vorhängeschloss einmal ölen. Wirklich», sagte das Mondkalb.

«Damit würde ich die historische Patina zerstören. Wer sind Sie überhaupt, dass Sie mir so intime Ratschläge geben?» Der Löskaffee, zubereitet mit Wasser aus einem Pott von der Grillplatte und spanischem Milchpulver, hatte nach Metall und Migräne geschmeckt. Dazu hatte ich finnisches Dosenknäckebrot und oberösterreichische, bereits leicht gärende Salzgurken gefrühstückt und fühlte mich daher nun dem Charme des Mondkalbes nicht wirklich gewachsen.

«Ich bin Helmut Tanzschul, der Vorsitzende des Landesfischereirates.» Ich wusste nicht, ob ich lachen oder weinen sollte.

«Vorsitzender des …?»

«Des Landesfischereirates, jawohl. Vornehmlich fischen wir im Harlander Mühlbach. Darin liegt auch unser Problem.»

«Beißen die Viecher nicht, oder was?»

«Ich darf Sie ersuchen, keine Scherze zu machen, dazu ist die Sache zu ernst: Wir verlieren 110 Liter Wasser in der Sekunde auf einer Fließstrecke von nicht ganz elf Kilometern!» *J'accuse* – der Mann war so echauffiert, dass er nicht einmal Platz nahm. Aber vielleicht misstraute er auch nur der Haltbarkeit meiner Flohmarktstühle.

«Ist das viel?», sagte ich nicht übermäßig bekümmert.

«Wenn der Bach nur mit durchschnittlich 400 Litern aus dem Traisenfluss dotiert wird, schon.»

«Vielleicht verdunstet es ja?», fragte ich zweifelnd.

«Das kann auch nur einem Laien einfallen. Der Mühlbach hat ein Gefälle von neun Metern pro Kilometer Fließstrecke! Das ist ungefähr so viel wie die hochalpine Kitzbüheler Ache.» Der Mann war noch immer echauffiert und sein Gesicht so rot wie eine Gen-Tomate.

«Aha», trieb ich die Konversation weiter.

«Also, was passiert mit dem Wasser?!»

«Gute Frage», bemerkte ich.

«Es wird gestohlen!», die schreckliche Wahrheit war heraus. «Leute, die neben dem Mühlbach einen Garten haben, gießen ihren Rasen und was auch immer mit unserem Wasser. Unter der Wasseroberfläche versteckt angebrachte Saugpumpen, Schlauchleitungen durch die Böschung, wenn der Bach einmal höher liegt, Umweltkriminalität! Das schreit geradezu nach Anzeigen!»

Der Große Vorsitzende Tanzschul schrie auch.

«Sie suchen also jemanden, der die ganzen elftausend Meter abschwimmt und im Schlamm nach Gartenschläuchen grundelt?», fragte ich resigniert.

«Die Jahreszeit ist doch ideal.»

«Das ist sie wohl.»

«Die sauberste Lösung wäre es, wenn Sie die Pumpen gleich an Ort und Stelle unbrauchbar machen würden.»

«Eine Frage noch, bevor ich meine Badehose auspacke: Wie sind Sie auf mich gekommen?»

«Wollen Sie hören, dass Sie der Innenminister höchstpersönlich empfohlen hat, oder wollen Sie die traurige Wahrheit von mir hören?»

«Die Wahrheit, wenn es denn unbedingt sein muss.»

«Unser Verein ist leider so arm wie eine Kirchenmaus. Also habe ich, der ich glücklicherweise auch Vorsitzender der Harlander Handelskammer bin, die Umsätze der Detekteien am Computer abgefragt. Ihr Umsatz war am geringsten, also werden Sie mir den besten Preis machen.»

«Ich genieße Ihre vollendete Höflichkeit. Mein Umsatz geht nämlich gegen null.»

«Damit sind wir wohl im Geschäft, Herr Miert!», sagte der Große Vorsitzende und setzte sich überraschend, wodurch er mich noch nervöser machte.

«Wie viel Vorschuss wollen Sie zahlen?»

«So wenig wie möglich.»

«Das dachte ich mir.»

Aus Rache bot ich ihm von dem desaströsen Löskaffee an, den er auch – allerdings aufgebessert mit etwas Cognac aus einem silbernen Flachmann – trank, ohne vom Sessel zu fallen. Nach der zweiten Tasse fiel der Vorschuss dann doch ganz ordentlich aus.

Achtzehn

Es war ein Mühlbach ohne eine einzige Mühle – das tägliche Brot kam längst aus der EU und hieß Lieken oder Batscheider.

An seinem Beginn, wo er unterhalb des in einer ausgedehnten Aue gelegenen Schlosses Ochsenburg im Süden Harlands aus einem Traisenwehr abgeleitet wurde, war er rund vier Meter breit, wenig mehr als einen Meter tief und von starkem Gefälle, sodass ich mich beim Waten auf seinem mit Unrat übersäten Schottergrund nur mit Mühe auf den Beinen halten konnte. Mit einer Hand hielt ich meine japanische Plastikkamera – ein Sonderangebot aus dem Supermarkt, wenn man gleichzeitig zwölf Kilo Erdnüsse abnahm – möglichst hoch über meinen Kopf, mit der anderen versuchte ich wie mit einer Balancierstange das Gleichgewicht gegen die Strömung zu halten. Denn ich hatte mich entschlossen, etwaige illegale Pumpen entgegen Tanzschuls Auftrag nicht zu demolieren, sondern höchstens zu fotografieren. Ich verspürte nämlich keinerlei Lust, von aufgebrachten Grund- und Pumpenbesitzern mit Schrot, Flobert oder sonstigem beschossen zu werden und in der Badehose zu sterben – Wasserdiebstahl hin oder her. Den Mierts wurden niemals Orden verliehen. Nicht einmal in den tausend Jahren unter dem böhmischen Gefreiten, als doch selbst bescheidenste Staatsbürger mit Eisernen Kreuzen, Verwundetenspangen, Mutterkreuzen und Blechlorbeer rechnen konnten. Bei den Mierts reichte es nicht einmal zu einer Anstecknadel. Ich bin da keine Ausnahme.

Streckenweise waren die Bachufer mit Holzbohlenreihen gestützt worden, manche Pflöcke sahen schon richtig antik aus, fluoreszierend faulendes Holz, von giftorangen Pilzen befallen. Sehr bald entdeckte ich auch durch das klare, öligwarme Wasser hindurch Mengen an grünen, braunen und gelben Glasscherben am Grund. Dass die Leute tückischerweise auch farbloses Glas im Mühlbach entsorgt hatten, war mir dagegen zu diesem Zeitpunkt noch nicht so richtig bewusst. Bereits die Römer – ihrem Wesen nach fanatische Ingenieure, Baumeister von Rechtssystemen, militärischen Verbänden und Infrastruktur – hatten diesen Mühlbach gegraben, und seit damals wurde er auch als Müllkippe benützt. Hatte jedenfalls Tanzschul nach dem zweiten Kaffee mit Schuss erklärt. Und mir einen Vortrag über den Neptunstein im Harlander Stadtmuseum gehalten (*Deo Neptuno aquarum potenti ob inductum in Tragisamum rivum* und so weiter und so fort).

Die erste bebaute Liegenschaft am Mühlbachlauf Richtung Norden war Schloss Ochsenburg, ein schönbrunnergelber klobiger Vierkantbau, eine Art Barockgetreidekasten von den Ausmaßen eines Provinzbahnhofes, dessen Name natürlich nichts mit kastriertem Rindvieh zu tun hatte, was auch ziemlich unziemlich wäre für den Sommersitz des Harlander Bischofs, unser Castel Gandolfo quasi (Ochsenburg bedeute nichts anderes als die Burg eines Mannes mit dem Namen Osso. Nachdem dieser althochdeutsche Personenname nicht mehr verstanden wurde, erfolgte eine volksetymologische Umdeutung zum verschnittenen Vieh. So jedenfalls Tanzschul, der Unermüdliche).

Natürlich – immerhin handelte es sich um das Anwesen einer katholischen Eminenz – hatte ich nicht vor, den in den Mühlbach abfallenden Rand der Schlosswiese nach illegalen Wasserentnahmerohren zu untersuchen, sondern stapfte im Bachbett einfach weiter, bis ich auf etwas, was sich anfühlte wie ein Schlauchende, trat, das Gleichgewicht verlor, mitsamt der Kamera ins Wasser tauchte, einige Meter aufschwamm und dann wieder Stand suchend bloßfüßig auftrat, leider ohne den Grund wie gewohnt in Augenschein zu nehmen … Der Schmerz war ziemlich überzeugend, sodass ich an das dem Schloss gegenüberliegende Ufer schwamm und keuchend und mich auf dem Hintern nach oben schiebend die Böschung erklomm. Dort, im grünen Dämmer des Bachsaums, unter einem dichten Baldachin aus Schwarzpappeln und Eschen, Traubenkirschen und Schwarzerlen, erkannte ich, dass mein linker große Zeh aus einem tiefen Schnitt an der Unterseite heftig blutete.

Ich bin ja leider nie wirklich in den Stand gekommen, arterielles von venösem Blut zweifelsfrei unterscheiden zu müssen, auch wenn mir diese Fähigkeit jetzt gut angestanden hätte. Die Leichen des Wiener Anatomischen Institutes in der Schwarzspaniergasse hatten Formaldehyd, die verstorbenen Patienten des Elisabethspitals hinter dem Westbahnhof hatten nur mehr blaurote Klümpchen in den Adern gehabt, und nach dem Pathosezierkurs römisch eins war für mich die Medizin zu Ende (als Arzt hätte ich einen eigenen Friedhof nur für meine Patienten gebraucht), und ich meldete mich ab zur Polizeischule, wo sie mich zum Unterläufel eines Oberleutnants ausbildeten, vielleicht weil ich über so einen gebildeten Blick (wahrscheinlich von einer leichten Schilddrüsen-

42

Überfunktion herrührend) verfüge wie vor mir nur Thomas Mann, den ich überdies ein- und ausschalten kann wie eine Schreibtischlampe (den Blick, nicht den Stammvater aller ‹besseren› Romanciers).

Ich band den Zeh mit der Umhängeschnur meiner Instantkamera ab und bahnte mir durch ein Stück Dschungelwildheit aus Tümpeln und Weihern, Schilfsumpf und Rohrkolbenröhricht, Lianen und der Urangst des Stammhirns humpelnd den Weg zum Wagen. Wachteln stürzten aus dem Himmel. Der schnelle Schatten eines Rehs – Gestalt gewordene Sprungbereitschaft, Flucht ohne Ende. Blindschleiche und Ringelnatter, Springfrosch und Wechselkröte, Pirol und Gelbspötter, Rohrammer und Teichhuhn, Kleines Nachtpfauenauge und Große Königslibelle rochen mein Blut.

Neunzehn

Also haben Sie tatsächlich nicht einmal eine löchrige Luftmatratze, sonst wäre Ihnen dieser kleine Lapsus nicht passiert!», war zunächst einmal alles, was Tanzschuls kalte Stimme zu meinem Arbeitsunfall zu sagen hatte. Aber so sind Arbeitgeber nun mal. Dabei hatte ich für Tanzschul mein Blut vergossen, in seinem Dienst war ich durch mehrere Hektar Auwald zum Wagen nahe dem Wehr zurückgehumpelt, verfolgt von zehn Millionen Gelsen, Mücken, Bremsen und der Angst zu verbluten. Wunderbarerweise hatte der Schlamm, durch den ich watete, die Wunde bald verklebt, die zu bluten aufhörte, aber zu schmerzen begann.

Wieder angezogen und halbwegs geschniegelt und gestriegelt, war es mir aber unmöglich, mit dem linken Fuß zu kuppeln. Auf der Heimfahrt riss ich den Schaltknüppel, ohne die

Kupplung zu treten, durch wie ein Rallyefahrer. Bis zur Birkengasse, wo ich den großen Zeh in einem Liter Merfenorange badete und den großen Vorsitzenden mit dem Handy von meinem Missgeschick informierte.

«Ich werde wohl einen Tag bezahlten Krankenstand nehmen müssen.»

Als Selbständiger, der sich nicht einmal eine Krankenversicherung leisten konnte, hatte ich natürlich keinerlei soziale Rechte, beschloss aber, sie zu nützen.

«Ich will die Wunde schließlich nicht weiter in dem dreckigen Mühlbachwasser infizieren.»

«Es gibt sogar Forellen in dem Wässerchen, Sie Simulant!», brüllte der Große Vorsitzende.

«Nehmen Sie das zurück, oder Sie können mich in Krakau mit Ihrer elenden Planscherei!» Ich hatte einfach genug von Tanzschul.

«Sie sind gefeuert!»

«Ich kündige!»

«Der Vorschuss ...»

«Können Sie beim Salzamt einklagen! Ich liege unter jeder Pfändungsgrenze!»

Wenn schon, denn schon.

Pause.

Ich vermeinte, Tanzschuls Gehirn durch die Leitung hindurch krachen zu hören. «Ein bedauerliches Missverständnis meinerseits ... beiderseits – ich nehme die Kündigung hiermit zurück.»

«Aber ich nicht! Und tschüs!»

So schön können arbeitsrechtliche Differenzen sein.

Nicht einmal in einem Feldbett könnte mir je langweilig werden. Irgendeine sinnlose Tätigkeit, die nichts einbringt, finde ich immer. Gelegentlich lese ich auch. Vor allem das Harlander Telefonbuch, worin sich auch Kommerzialrat Lorenz Gollwitzer mit der Stadtadresse Lerchenfelder Straße 17 fand. Ich rief meinen zweiten Arbeitgeber an.

«Herr Kommerzialrat Gollwitzer?»

«Ja?»

«Ich dachte, ich melde mich mal bei Ihnen, weil die Sache mit dem Vorschuss leider noch offen ist. Der Kaffee war vielleicht doch etwas zu wenig, meinen Sie nicht?!»

«Welcher Vorschuss? Wer spricht denn überhaupt?»

«Miert, Marek Miert.»

«Kenne ich nicht.» Aber es war unverkennbar die Stimme des alten Herrenmenschen.

«Aber Sie haben mich gestern im Kaffeehaus engagiert.»

«Ich bin Pensionist, habe mein Personal schon vor Jahren entlassen und kenne Sie nicht. Auf Wiederhören.»

Innerhalb von nur fünf Minuten hatte ich zwei Arbeitgeber verloren, wobei der eine allerdings ein Schotte und der andere ein Irrer war.

Am liebsten wäre ich jetzt auf meiner Bettkante gesessen und hätte einen großen, einen wirklich großen Bordeaux getrunken, aber in meinem Weinkoffer fanden sich nur mehr zwei Bouteillen eines Röschitzer Zweigelt von einem Jahrgang mit einem subtropischen April, einem norwegischen Mai, einem Hageljuni, einem völlig verregneten Juli und dem heißesten August des Jahrhunderts.

Ich trank mich damit in ein Nachmittagsschlaferl, das fugenlos in einen traumlosen Nachtschlaf überging. Als ich am nächsten Tag um fünf Uhr früh erwachte, war die Zehe gelb vor Eiter und doppelt so groß als am Abend zuvor. Auch mein Kopf fühlte sich so an. Da ich so wenig sozialversichert bin wie ein Erdferkel, stocherte ich die Eiterbeule mit dem Korkenzieher, den ich zuvor wenigstens in der Flamme eines Feuerzeuges keimfrei gemacht hatte, auf und verband mich mit Hansaplast. Dann schnitt ich in die Spitze eines alten

45

braunen Halbschuhs ein großzügiges Loch, zog vorsichtig einen braunen Socken über den linken Fuß und beschloss, vorläufig einmal nichts zu frühstücken, da meine Speiseröhre schon beim bloßen Gedanken daran einen Aufstand machte.

Marek Miert oder das, was von ihm noch übrig war, war wieder einsatzfähig.

Zwanzig

«Du hast ein Problem.»

«Proplmm?» Der Junge hatte das komplizierte Wort offenbar noch nie zuvor gehört.

«Du hast Schwierigkeiten, Zores, Wickel. Verstanden?»

«Wickel. Ja. Durch Ihnen.»

«Nicht mit mir. Mit der Bahn: Du wirst es nie schaffen, Schmidts Bahnhofsschließfach auszuräumen, wenn dir nicht jemand dabei hilft.»

Schweigen.

«Das Fach ist gestern Nacht von einem Beamten geleert worden, weil die Laufzeit überschritten war.»

Schweigen.

«Der Inhalt liegt jetzt in einem Bahndepot am Hauptbahnhof. Um ihn zu beheben, braucht man einen Ausweis: Verstehst du?»

Schweigen.

«Also, ich schlage vor, wir gehen jetzt beide zum Bahnhof, du gibst mir den Schlüssel, und ich behebe das Fach. Du kannst ja mit deinen Kumpels den Vorder- und Hintereingang bewachen.»

Schweigen.

«Ich verlange übrigens nur zehn Prozent.»

Schweigen.

«Wie heißt du?»

«Ion.»

«Der mit dem Goldenen Vlies?»

«Gold?»

«Ja, wenn du mit deinen Haberern mit mir kommst.»

Ich setzte mich einfach hinkend in Richtung Bahnhof in Bewegung. Als ich mich nach zwanzig Metern einmal umdrehte, folgten mir Ion und zwei weitere Buben. In einer Fleischhauerei am Weg zum Einquartierungshaus hatte ich zwei fetttriefende Leberkäsesemmeln gefrühstückt. Mein Magen rumorte noch immer wie das in die *Titanic* eindringende Eiswasser. Mit dem Pfefferspray aus dem Auto in der Rechten und einem Hundertschillingschein in der Linken hatte ich mich wie ein Zinnsoldat vor der Wanzenburg postiert und gewartet. Meine letzte Karte, die ich da ausspielte, und es war mehr als zweifelhaft, ob es ein Ass war.

Die Detektive in den amerikanischen Filmen verspüren niemals Harndrang oder gar Schlimmeres. Zäh wie Leder und hart wie ein trockenes Flussbett. Hinter Hausecken oder in ihren Buicks harren sie vor Restaurants, Büros und Bordellen aus, ätherischen Wesen gleich, und jedes menschliche Bedürfnis ist ihnen fremd. Sie haben niemals etwas zu erledigen außer ihren Auftrag. Bei mir dagegen bestätigte sich schon nach einer Stunde die alte Volksweisheit, dass Leberkäse jede Verstopfung löst. Ich war daher froh gewesen, als der Junge nach einer weiteren halben Stunde aus dem Orkus, aus dem höhlenartigen Eingang des Einquartierungshauses, auftauchte und, einen Baseballschläger aus Aluminium wie einen Hammer haltend, wie ein kleiner, böser Kobold lässig auf mich zukam. Nur sein verspanntes Gesicht hatte erkennen lassen, dass er ebenso viel Respekt vor mir hatte wie ich vor ihm. Zwei Meter vor mir war er stehen geblieben und hatte den Schläger probeweise durch die Luft geschwungen. Daraufhin hatte ich ihm den Pfefferspray gezeigt, wir verstanden uns prächtig.

Ebenso wortlos holte er mich beim Sparkassenpark ein, ging schweigend die Parkpromenade neben mir entlang und hielt seine beiden Adjutanten einige Schritte hinter uns. Erst als der Bahnhof in Sicht kam, gab er mir den Schlüssel.

«Wir haben Messer.»

«Danke, aber ich habe schon gefrühstückt.»

Der größere seiner beiden Schergen bog ab, wohl, um zum Hintereingang des Bahnhofsgebäudes zu gelangen und sich dort zu postieren. Ion hatte zweifellos Führungstalent, aber er war beileibe kein großer Stratege. Der Bahnhof hatte nämlich nicht nur einen Vorder- und einen Hintereingang, sondern auch Aufgänge zu den Bahnsteigen. Insgesamt acht an der Zahl.

«Wo hast du ihn gefunden, Ion?»

«Nix.»

«Den Schlüssel, meine ich?»

«Nix.»

«Was heißt das?»

«Wir haben Messer.»

«Wenn ich nach zehn Minuten nicht wieder draußen bin, könnt ihr ja den Bahnhof stürmen.»

«Messer!»

«Baba, und fall nicht wieder auf den Kopf!»

Ich stapfte in die Kassenhalle. Bei dem Eisenbahner im braunen Arbeitskittel hinter dem Gepäckschalter brauchte man nicht einmal einen Ausweis, um an den Inhalt des Schließfaches zu kommen. Der Schlüssel mit der absolut unmagischen Zahl 19 und eine kleine Lagergebühr für eineinhalb Tage Überzeit genügten. Ich erhielt eine braune, unbeschriftete Kartonrolle von rund zehn Zentimeter Durch-

48

messer und fast einem Meter Länge ausgehändigt, die an beiden Enden mit Plastikplättchen verschlossen war, und musste
nicht mehr als drei Papiere unterschreiben, was man für österreichische Verhältnisse geradezu als unbürokratischen Vor-
gang bezeichnen kann.

Alles, was ich da tat, war illegal. Aber schließlich war ich Ca-
liban, ein neugieriger, rücksichtsloser Wicht, der nicht viel zu
verlieren hatte.

Einundzwanzig

Die Bahnsteige lagen ein Stockwerk höher über der Kassenhalle und der Mall zum Hintereingang, und ich hatte natürlich von Anfang an vorgehabt, einfach den nächsten Zug
nach ganz Wurscht wohin zu nehmen. Aber als ich aus dem
Lift stieg, waren die Gleise alle leer.

Ganz so blöd waren Ion und seine Bande auch nicht, dass
sie mir nicht bald nachkommen würden.

Wenn der Kommandant der Wiener Sicherheitswache, der
sich von Zeit zu Zeit in den Medien als ganzer Kerl und jo-
viale Haut feiern ließ, eine Dienstfahrt – selbstverständlich
mit Chauffeur in großer Karosse, aber nie in Uniform – un-
ternahm, so verlangte er von seinem Büro, dass sämtliche
Straßen seiner Route frei waren. Um dem Gottsobersten also
einen Stau zu ersparen, mussten natürlich Polizisten eingesetzt werden, die den Verkehr umleiteten. Nur erwartete der
Kommandant, wahrscheinlich aus psychopathologischen
Gründen und um das Ganze etwas spannender zu machen,
keinen einzigen Beamten auf seiner Fahrroute zu sehen. Die
Polizisten mussten also den Verkehr so regeln, dass ihr Vor-
gesetzter schneller vorwärts kam, sich aber gleichzeitig beim

Herannahen seiner Karosse hinter einer Mauer oder Sonstigem verstecken. Wenn einem Untergebenen das nicht gelang, ließ der Kommandant anhalten, sprang wie Rumpelstilzchen aus dem Wagen, ließ sich den Namen geben und den Betreffenden dann aus der Truppe entfernen oder zumindestens einen dicken ‹schwarzen Punkt› in den Personalakt eintragen.

Auch ich war einmal in der beschriebenen Weise zu langsam und hatte es nur dem hinhaltenden Widerstand des Josefstädter Bezirkshauptmannes zu verdanken, dass ich nicht sofort aus dem Dienst entfernt wurde. Aber der Kommandant merkte sich mein Gesicht, was mir schließlich zum Verhängnis wurde. Denn eine weitere, ganz hübsche Marotte von ihm war es, sich in der Dienstzeit zu dem einen oder anderen Schäferstündchen in die Wohnung eines Soprans in die Laudongasse chauffieren zu lassen (natürlich mit dem üblichen Zirkus). Dort im Stiegenhaus traf er seinen Untergebenen Miert ein zweites Mal, hatte sich wie gesagt sein Gesicht gemerkt und brüllte ihn an, was er denn hier schon wieder mache, Himmel, Herrgott, Donnerwetter noch einmal! Daraufhin Miert: «Ich wohne hier.» Der Kommandant tobte weiter. Miert: «Herr Brigadier, soll ich meine Wohnung kündigen?» Nur Stunden später musste ich meine grüne Uniform ausziehen, und das Sicherheitsbüro bekam mich als eine Art Aktenboten mit Matura zugeteilt.

Seither habe ich im Versteckspielen einiges dazugelernt und wählte daher das Damenklo am Bahnsteig 1a, wo ich mich in eine Kabine einsperrte, mich auf den heruntergeklappten Deckel setzte und die Rolle zu untersuchen begann.

Sie enthielt nur ein Blatt dunkelbraunes Packpapier mit einer ziemlich kühn kolorierten Zeichnung, offensichtlich irgendeine Schmierage für ein pornographisches Altherrenkabinett: Ein liegendes rothaariges Mädchen in grasgrünem

50

Rock und Resten gelblicher Unterwäsche reckte dem Betrachter ein in Orange und Rottönen gehaltenes, perspektivisch überdimensioniertes Genital entgegen. Um ihre Schultern war ein violettes Tuch drapiert, die märzhaft mageren Brüste und der Bauch von roter Hasenhaut, die Füße und Hände nur mit schwarzer Tusche angedeutet. Ich hatte ein Meisterwerk gynäkologischer Kunst, ein Wichsbild, eine erschreckend kolorierte Flohmarktzeichnung gestohlen, stand damit nun auf einem Damenklosett herum und fürchtete mich vor drei minderjährigen Rotzern.

Der bisherige Tiefpunkt meiner Karriere.

Rechts unten auf dem braun vergilbten Blatt war mit dem schwarzen Zeichenstift die Zahl zehn eingekastelt (außerhalb des Kästchens stand ein S, und das war offenbar der triebhafte Maler), und das machte mich mitten in meiner Enttäuschung stutzig. Bedachte man den altersschwachen Zustand des Packpapiers, so konnte das durchaus 1910 bedeuten.

Zweiundzwanzig

Der Staat stellte allen alles bereit. Den Kreißsaal, die Still- und Eheberater, die Berufs- und Alkoholberater, den Kindergarten und die Ausbildung, die Werkbank oder den Schreibtisch im Staatsbetrieb, die Zigaretten, den Gewerbeschein und die Mühlenkonzession, die Philharmoniker und die Festspiele, das kleine Monopolglück als Bäcker oder Taxler, das große als Apotheker oder Notar, die Eisenbahn und die Busse, die Straßen und die Autobahnen, die Plattenbauwohnung, Kanal, Strom und Wasser, das Fernsehen und die Radioprogramme, die Scheidungsberater, das Bett im Pflegeheim und die ärarische Bestattung.

Aber der Staat war pleite.

Genauso sah der Waggon auch aus. Zerschlissene oder zerschnittene Sitzbezüge, Hunderte Brandlöcher im mürb-blasigen PVC-Boden, jedes zweite Fenster mit Fettschlieren, mit Sprüngen im Glas, zerschlagene oder überhaupt fehlende Beleuchtungskörper, Rost und Messingfraß, ein Hautgout nach Kinderurin, dem Morgenschweiß der Pendler und Pfefferminzbonbons – alle Fenster, so weit sie sich überhaupt öffnen ließen, waren bereits geöffnet, der Zug brachte aber nur heiße, sandige Luft und Schwefelwasserstoff aus Harlands Industriebezirk nördlich des Bahnhofs ins Wageninnere. Die an den Pickeln eines Hinterns abzuzählenden späten Pendler im Regionalzug waren diese Zustände längst gewöhnt und unterbrachen ihren lemurenhaften Halbschlaf nur, um dem Schaffner, der sein blaues Uniformhemd mit Rotwein oder Blut bekleckert hatte, ihre Monatskarten vorzuweisen. Ich hatte keine Karte und musste daher einen Zuschlag bezahlen. Wahrscheinlich für den überragenden Service und das gepflegte Ambiente.

Keine sich schminkende Dame hatte aufgekreischt, als ich die Kabine verließ. Niemand war mir gefolgt, als ich mich aus dem Damenklosett gestohlen hatte.

Kein Eisenbahner hatte mich aufgehalten, als ich über zwei Gleise zum Bahnsteig 3 humpelte, wo ein Bummelzug eben eingefahren war.

Es war nicht der Bauch, der da entschieden hatte, nicht das sowieso maßlos überschätzte Gehirn und auch nicht die Genitalien, wo bei so vielen ihr bisschen Verstand sitzen dürfte. Es war vielleicht nur ein Hauch böser Luft, ein Miasma oder vielleicht das Husten einer Fliege auf dem Sirius, wenn man der Chaostheorie Glauben schenken darf, und schon flüchtete man wie Dr. Mabuse mit einem wertlosen und mindestens dreimal gestohlenen Flohmarktbild ins weite Land, statt zur Polizei zu gehen oder den ganzen Krempel einfach hinzuschmeißen.

Das Recht auf Dummheit ist halt auch ein Menschenrecht.

Dreiundzwanzig

Nach der letzten Schlafsiedlung im Osten Harlands zog sich eine Agrarsteppe mit Mais- und Weizenkulturen in gelben und grünen Wellen bis an den Horizont. Jeder Baum, jede Hecke, jeder Busch waren von Generationen von Landschaftsmördern sorgfältig aus dem Weichbild entfernt worden, und der Himmel starrte dunkelblau und zornig auf diese Ödnis. (Im lokalen Dialekt gibt es für solche vertrackten Situationen die monologische Wendung ‹Hilf dir!› – eigentlich ‹Hüfda!› –, aber natürlich blieb das Firmament stumm).

Länger als vielleicht acht, zehn Kilometer hatte ich diese zu beiden Seiten der Bahn mähdreschertaugliche Topographie nicht zu ertragen, denn kaum war der Zug abgefahren, blieb er auch schon im ersten Ort stehen. Dieses Industriedorf namens Ginzburg bestand aus einem Gotteshaus auf einem Hügel, ein paar daneben hingewürfelten Häuschen und aus drei oder vier konzentrischen Ringen von Lagerhallen und Gewerbegrundstücken darum herum. Das erste Gasthaus am (Kirchen-)Platze war natürlich zugleich das einzige, und ich begoss dort einen zährosa Schweinsbraten und Gummikartoffelknödel mit Wachauer Weinen, die nur deswegen so berühmt sind, weil Hans Moser in diversen Filmchen seine läufige Tochter namens Mariandl, das seit dem Neolithikum deutlich abgemagerte Idol der Gegend, mehr oder weniger grantig ertrug.

Als ich fertig gegessen hatte – so höflich sind sie hier –, kam ein Sturzbetrunkener auf mich zu und ließ sich mühselig an meinem Tisch nieder.

Es war der Dorfschullehrer. Das erkannte ich nicht etwa wie Sherlock Holmes an seinen kreidigen Fingern, sondern der Kellner versuchte patschert, ihn von meinem Tisch wegzuzerren, und sprach ihn dabei als Herr Oberlehrer an.

Der dünne Pädagoge im dunkelblauen Firmungsanzug, dem unter einer ebenfalls dunkelblauen Baseballmütze – groteske Anpassung an seinen gewöhnlichen Umgang – ein schmutzig blonder Schopf hervorwuchs, blieb aber hocken wie ein Menhir. Unter dem Blond ein tief rotes qualliges Gesicht, das Hypertonische des Berufes war diesem Gesicht eingeschrieben, eingekratzt durch die Renitenz der ihm Anvertrauten, durch ihre wilde Jugend, durch ihre bohrenden Fragen und ihre zornige Verachtung seiner Stubenhockerei. Die tief sitzenden Augen klein vom Korrigieren hieroglyphischer Handschriften. Der Gang massiv, die Knie leicht gebeugt, das durch den Alkohol bewirkte Schwanken mit Stampfen bewältigend, nicht mit Tänzeln.

Natürlich hielt er mir, nachdem er sich nicht vorgestellt hatte, alsbald einen Frontalvortrag: «Ginzburg steht seit 1000 Jahren, Herr, aber in 999 davon haben wir uns gelangweilt. Wenn wir falsche Zähne brauchen oder eine Bewilligung fürs Satellitenfernsehen, müssen wir schon in die Bezirkshauptstadt. Wir waren niemals en vogue, Herr; im Krieg hat die Royal Air Force gerade eine einzige Bombe – und auch das nur aus Versehen – auf uns abgeworfen, und 1687 war der Papst hier, ist aber nicht über Nacht geblieben. Wir haben die Maisfelder satt, den Raps und den Roggen, die kotbraunen Äcker, die praktisch mitten im Ort beginnen und uns umschließen wie der Ozean eine Nussschale. Wir haben keine Pizzeria und keine Kurzparkzone, auch die Segnungen eines Postamtes, eines Puffs oder eines Hallenbades sind uns bisher erspart geblieben. Ginzburg ist Ginzburg, Kollege, und das ist keine leere Drohung!» Danach stieß er sein Viertelglas nach links um und bettete seinen Kopf nach rechts auf dem noch trockenen Teil der Tischplatte. Er schnarchte so dezent wie ein Meerschweinchen.

Der Bus kam um halb zwei und machte erst wie die Nibelungen eine Runde durch halb Niederösterreich, bevor er endlich nachmittags um vier am Harlander Hauptbahnhof anlangte.

Vierundzwanzig

Das Dorotheum ist vielleicht so alt wie Österreich selbst. Der Schätzmeister seiner Harlander Dependance war möglicherweise jünger, aber nicht viel. Eine schwarze Hornbrille bedeckte fast die Hälfte seines klugen, mageren Greisengesichtes. Er trug einen graublauen Arbeitsmantel und darunter ein weißes Hemd mit gestärktem Kragen und schwarzer Krawatte. Mit bleistiftdünnen Fingern befühlte er nervös das Papier meiner Flohmarktzeichnung. In dem Alter kann Pornographie ganz schön aufregend sein. Hinter ihm stapelten sich auf Dutzenden Regalen Alabastervasen, Pendeluhren und Gipsheiligenfiguren, Porzellanaschenbecher, Radios und Madonnenbilder, ausgestopfte Auerhähne, Plattensammlungen und angerostete Dolche.

Der Schätzmeister war ganz weiß im Gesicht geworden und wiegte das Bild jetzt wie eine Geliebte auf seinen Knien. Es wäre wohl besser gewesen, ich hätte den Schmonzes im Zug vergessen, der Mann bekommt mir ja noch einen Herzinfarkt, dachte ich.

«Ich weiß, dass dieses Bild nicht existiert. Ich weiß, dass

dieses Bild 1945 verbrannt ist. Ich weiß, dass Sie nicht der Besitzer sind. Ich weiß, dass eine Versatzanstalt in der Provinz niemals die Chance bekommen wird, ein solches Bild zu versteigern. Aber ich danke Ihnen dafür, dass ich einmal in meinem Leben ein Werk Egon Schieles in Händen halten durfte!», sagte er mit osteuropäischem Akzent so unauffällig leise wie ein Krebsgeschwür beim Wuchern, denn hinter der Schranke saß noch eine Schreibkraft in einem zweiten Abteil.

«Wer ist Egon Schiele?», fragte ich – und wurde nicht einmal ignoriert.

«Frau Cerny, ich hätte heute irgendwie Lust auf eine Leberkäsesemmel. Vielleicht sind Sie so gut, ja!»

«Eine Leberkäsesemmel für Sie?? Aber ...» Die Sekretärin war überrascht.

Wahrscheinlich hatte sie ihren Chef, betrachtete man dessen Figur, noch nie etwas essen gesehen.

«Aber bitte eine von der Fleischhauerei Wallner. Nicht von diesem Imbissstand, gell!»

«Aber das ist ja viel weiter.»

«Sie dürfen sich auch eine mitnehmen.»

Als seine Mitarbeiterin endlich gegangen war, versperrte der Schätzmeister sorgfältig die Kundeneingangstür und begab sich dann wieder hinter die Schranke an seinen Tisch. Die Zeichnung ließ er dabei nicht einen Augenblick aus seinen Spinnenfingern.

«Sie haben eine Statur wie ein Henker und von der bildenden Kunst Ihres Landes offensichtlich so viel Ahnung wie ich von der Maikäferzucht. Also, wie kommen Sie dazu, einen Schiele belehnen lassen zu wollen??» Der Mann hatte unzweifelhaft Recht.

«Ich habe ihn nur sichergestellt.»

«Aha, sichergestellt.» Sein Akzent eignete sich vorzüglich

dazu, ironische Zweifel durchklingen zu lassen. Ich legte ihm trotzdem meine lächerliche Visitenkarte auf den Tisch.

«Wieso ist dieses Bild 1945 angeblich verbrannt?»

«Jüdischer Besitz, der 1938 arisiert wurde. Allerdings nicht von einem der Hunderttausenden SA-Männer in rühriger Privatinitiative wie bei den Wohnungen, den Schrebergärten, den Markensammlungen und dem Kochgeschirr, sondern von Staats, das heißt von Partei wegen, von der NSDAP-Kreisparteileitung Harland, weil dieser Schiele für eine zweite Ausstellung Entarteter Kunst – diesmal in Wien – vorgesehen war. Dazu ist es dann nicht gekommen, das Bild wurde aber natürlich nicht an einen zurückgegeben, der schon im KZ saß oder ausgebürgert war, sondern in irgendeinem Kammerl im Rathaus gelagert. Bis zum 1. März 1945, bis zum zweiten Angriff der 15th US Air Force auf Harland.»

«Wieso halten Sie das Bild jetzt in Ihren Händen?»

«Gute Frage.»

«Eine Fälschung?»

«Das Bild wäre sehr schwer oder sehr leicht zu fälschen gewesen, weil man davon eigentlich nur ein Schwarzweißfoto kennt. Schiele hat seine Frau Edith einmal fürs Familienalbum im Atelier aufgenommen, und im Hintergrund ist halt ‹Ihre› Zeichnung, auf einen Kasten geheftet, zu erkennen. Der Fälscher wäre also zumindestens in der Farbgebung völlig frei gewesen.»

«Und? Ist es eine Fälschung?»

«Ich bin kein Schiele-Experte, aber das Papier, die Linienführung, die kühn-kräftige Kolorierung – nein! Niemals!»

«Was ist das Blatt wert?»

«Wert, wert, wert! Ich kann das schon gar nicht mehr hören. Das ist große Kunst! Von einem der Besten des vorigen Jahrhunderts!»

«Der Wert?!», insistierte ich.

«Stellen Sie sich eine Flotte von zwanzig mittleren Mercedes-Benz-Karossen vor, ja?!»

«Sie sind verrückt geworden!»

«Ganz und gar nicht. Es können auch dreißig sein. Kommt darauf an, ob man eine Ausfuhrgenehmigung vom Ministerium bekommt für Sotheby's, Christie's …»

«Wer hat das Bild vor 1938 besessen? Ich würde es nämlich gerne zurückgeben», fragte ich und war noch etwas schwindlig von dem Millionenwert aus Franz Schmidts Kanonenofen.

«Was hätte ich davon, wenn ich auf eine Bibliothek hatsche und Ihnen im Leopold, dem Standardwerk für Schiele, nachschaue?»

«Wenn der rechtmäßige Besitzer das Bild versteigern lassen will, werde ich mich dafür einsetzen, dass Sie der Auktionator sind – egal, ob in Wien oder London oder New York.»

«Sie sind ein Träumer, junger Mann.» Der Schätzmeister sah plötzlich noch um 50 Jahre älter aus.

«Schto tüj chotschesch?» Ich setzte voll auf den östlichen Akzent und auf die fraternisierende Wirkung meines bisschen Küchenrussisch, das ich im Gymnasium gelernt hatte.

«Ich verstehe Ihr slawisches Kauderwelsch nicht. Ich bin nationalstolzer Rumäne.»

«Was wollen Sie dann?»

«Ich will Ihnen das Bild zurückgeben und Ihnen die Tür aufsperren, weil Sie mich im gegenteiligen Falle vielleicht erschlagen. Ich wiege ja nicht einmal so viel wie einer Ihrer Oberschenkel und bei Leuten Ihres Schlages …»

Um mir eine Antwort zu ersparen, brummte ich und nahm das Blatt in Empfang. Ich rollte die Zeichnung wieder zusammen und steckte sie in die Kartonrolle, wobei der Schätzmeister besorgt auf meine klodeckelgroßen Pratzen sah.

Als er mit mir zur Tür ging, bemerkte er noch, dass er mir

irgendwie doch glaube, aber trotzdem die Polizei verständigen müsse. Schließlich hänge seine Aufenthaltsbewilligung an seiner Arbeit, und er wolle nicht mehr nach Timisoara zurück, wo man Leute seines Alters nicht einmal mehr medizinisch behandle, selbst wenn sie dort Medikamente und Apparate hätten.

Als er mir die Tür aufsperrte, sagte ich: «Schauen Sie in dem Buch nach. Bitte.»

«Das brauche ich nicht. Ich kann es auswendig.»

«Den Namen, bitte!»

«Siegfried Gollwitzer, Kommerzienrat, Harland.»

Wie ein toter Weihnachtskarpfen ging ich zur Tür hinaus.

«Rufen Sie ruhig die Polizei. Aber ich lasse mir meinen Fall nicht wegnehmen.»

Doch da war die Tür schon zu, und ein alter Mann hört nichts durch zentimeterdickes Pressglas.

Fünfundzwanzig

Das Harlander Stadtarchiv war in einem schon im 18. Jahrhundert aufgehobenen Karmeliterinnenkloster am Rathausplatz untergebracht, und zwar in einem Trakt im Erdgeschoss, in dem frau aufsässig oder hysterisch gewordene Mitschwestern hinter vergitterten Fenstern und schmiedeeisernen Türen unter Arrest gehalten hatte.

Nicht einmal ein Gärtner weiß im Voraus, was ihm blüht. Ich hatte daher die Kartonrolle mit den Plastikplättchen verschlossen, sie an mich selbst adressiert und das Ganze als Muster ohne Wert eingeschrieben beim Postamt in der Wiener Straße aufgegeben.

Der Archivdirektor war auf Kur wegen der Venen, wie mir

seine Stellvertreterin sagte, eine ältere Dame mit keckem Bubischnitt silberner Locken, die sich selbst wohl eher als reife bzw. reifere Dame bezeichnet hätte: Unter einer weißen Brille glitzerten besorgte, frische Augen, ein schwarzer Pullover mit studentischem Touch bändigte kaum den mütterlichen Busen. Die jugendliche Matrone steckte in weißen Pluderhosen und braunen Gesundheitsschuhen. Über ihrem rechten Oberschenkel lag aufgeklappt eine Schwarteke, und in ihrer Emphase für die Leiden des Archivdirektors atmete sie etwas schwer.

Ich stellte mich als Anwalt in einer Verlassenschaftsangelegenheit vor, der die Spuren von Kommerzienrat Siegfried Gollwitzer verfolge, die leider 1938 in Harland abgerissen seien.

«Was ist mit Siegfried Gollwitzer damals passiert?»

«Ich kann Ihnen darauf eine offizielle Antwort geben und eine inoffizielle nur verweigern.» Ein schwerer Atemzug hob die matronenhafte Brust.

Ich legte eine Karte mit der Aufschrift ‹Dr. Marek Miert – Ihre rechtsfreundliche Vertretung in allen Lebenslagen› auf den Tisch und sagte: «So viel ist inzwischen sicher: Die Gerechtigkeit ist nicht die Tochter Gottes und auch keine Tugend der Herrschenden. Aber ich will eine Arisierung rückgängig machen.»

«Wer hat Sie damit beauftragt?»

«Die Gerechtigkeit.»

«Sie sind reichlich pathetisch, finden Sie nicht auch?!»

Ich schwieg viel sagend, was nur geübten Lügenschippeln gelingt.

«Offiziell kann ich Ihnen nur sagen: Suchen Sie im Archiv. Inoffiziell: Sie werden nichts finden, denn 1946 wurde der einzige Geschichtestudent Harlands zum Archivleiter bestellt, und der hat in einer mühevollen Jahresarbeit sämtliche

NS-Akten aus Angst vor den Russen verbrannt. In einem Kamin zwei Zimmer weiter. Dafür sind die Mauern jetzt schön trocken, was sie nicht immer waren.»

«Wo kann ich noch etwas über den seligen Kommerzienrat Gollwitzer erfahren?»

«Ziemlich sicher steht er in den Einwohnerverzeichnissen im Lesesaal drinnen, aber warum fragen Sie nicht einfach seinen Sohn? Ist das nicht Ihr Auftraggeber?»

«In gewisser Weise schon», verabschiedete ich mich leise wie ein Hektar Wüste. Der Lesesaal ein paar Zimmer weiter war nichts als ein langer Gang, dessen Funktion durch die Jahrhunderte einzig und allein darin bestanden hatte, die Porträts der Oberinnen zu beherbergen. Jetzt standen darin drei Schreibtische auf der einen und Bücherregale mit Nachschlagewerken auf der anderen Längsseite.

Im Einwohnerverzeichnis von 1937 fand ich die Eintragung «Gollwitzer Kommerzienrat, Siegfried und Anna, Drogerie, Lerchenfelder Straße 17». Im nächsten Verzeichnis von 1946 gab es diese beiden Gollwitzers nicht mehr. Dafür einen Lorenz Gollwitzer mit gleicher Profession und Adresse.

Sechsundzwanzig

«Ich möchte, dass du natürlich auch meine Hoden fotografierst.»

Das Maximum von hundert Härtepunkten gab es zum Beispiel für das Versenken eines Elektrokahnes, in dem der Klassenvorstand saß, mittels wohl kalkuliertem Rammstoß beim Schulausflug am Lunzer See. Oder für das ‹Ablöschen› des Direktors mittels Zehn-Kilogramm-Handfeuerlöschers. In solch spektakulären Causen erfolgte die Vergabe auch ohne vorherigen Zusammentritt und förmlichen Beschluss der Härtepunktekommission. In letzterem Fall allerdings in effigie, da der Direktor behutsam seine Brille – den einzigen Teil seines Äußeren, der nicht von zentimeterdickem Schaum eingehüllt war – abgenommen hatte und so den betreffenden Klassenkameraden, der danach nie wieder an der hiesigen Anstalt gesehen, also relegiert ward, brüllend wie ein Makake durch die ganze Schule verfolgen konnte.

Wie ich als ehemaliger Schriftführer der Härtepunktekommission nur zu gut wusste, hatte es Ganz in seiner ganzen Schullaufbahn nicht einmal zu einem einzigen Härtepunkt, dafür später aber zu einem Vier-Quadratmeter-Fotostudio am Rathausplatz neben dem Stadtarchiv gebracht, wo er wahrscheinlich den ganzen Tag Warzen und Tränensäcke wegretuschierte. Zu unserem letzten Klassentreffen war er noch immer von seiner Mutti begleitet worden.

«Wofür hältst du mich eigentlich, Marek?»

Wenn ich Ganz das gesagt hätte, wären wir wohl ganz schnell geschiedene Leute gewesen.

«Denk bitte an deine Russisch-Matura mit dem legendären Thema ‹Sowjetische Küche›. Wenn ich dir nicht den Zettel mit dem Borschtsch-Rezept hinübergeschoben hätte, hättest du dem Vorsitzenden gerade mal ein bisschen etwas über Tschaikowsky erzählen können.»

«Ich habe über Tolstoi referiert!»

Ganz hatte noch immer ein Bubengesicht, einen dürftigen Woody-Allen-Hals und das Charisma einer gerade frisch gespülten Milchpumpe. Wenn er vierzig Jahre älter wäre, würde ihn jedermann behutsam an der Hand nehmen und über die Straße geleiten.

«Ja, nachdem du mit dem Rezept fertig warst. Und durchgekommen bist du nur, weil der Vorsitzende kein Wort Russisch gekonnt und der Prüfer, unser legendärer Professor Karl

Karlowitsch, auf jeden deiner katastrophalen Fallfehler und Gastarbeitersätze mit einem begeisterten ‹Da, da, charascho! Ja, gut!› reagiert hat.»

«Was nützt mir jetzt als Fotograf das Reifeprüfungszeugnis in der Schublade?!»

«Jetzt nichts mehr, aber du hattest immerhin eine verkürzte Lehrzeit als Fotograf dadurch, und ich treibe diese alte Schuld jetzt ein.»

«Warum willst du deinen Luxuskörper, so wie Gott ihn schuf, ablichten lassen?»

«Einen Satz der Abzüge wirst du einige Tage bei dir aufbewahren, der andere ist für mich. Ich will keinen Firmenstempel auf den Rückseiten, und ich will das Ganze ganz schnell, Ganz, am besten gestern. Also, wo ist dein Studio?»

«Über den Hof hinter dem Klo.»

«Du bist scheinbar genauso rasend erfolgreich wie ich.»

«Ich nehme es, wie es kommt. Und du willst mir wirklich nichts zahlen?»

«Wollen schon, mein Lieber.»

«Hast du wenigstens geduscht? Das Studio ist nicht so wahnsinnig groß, weißt du.»

«Auch in dieser Hinsicht muss ich dich leider enttäuschen. Das Odeur meines Schweißes ist für einige der Hitzetoten der letzten Tage verantwortlich.»

Siebenundzwanzig

Vor dem Eingang meines Lagerhaus-Wohnbüros war der weiße Opel Astra, das Standardfahrzeug für subalterne Polizeikader, nicht zu übersehen. Ebenso wenig wie die beiden kahl geschorenen Hünen darin, die eifrig wie zwei Taferlklassler gemeinsam ein Softpornomagazin studierten. Ich rollte langsam auf das Rüsselsheimer Heck zu und stieg aus. Die beiden Recken brachen eben in ein gackerndes Gelächter aus – wahrscheinlich waren ihnen irgendwelche abgebildeten Möpse zu klein, oder die beiden waren ganz einfach imbezil, was auch schon vorgekommen sein soll.

Als ich im verrosteten Vorhängeschloss an meiner Tür zu stochern begann, waren sie plötzlich neben mir. Schwarze Stiefeletten, ebensolche Jeans, dunkelblaue Polohemden und schweinchenrosa Haut an den Armen und im Gesicht. Einer der beiden trug eine schwarze Herrenhandtasche – wahrscheinlich mit dem üblichen Arsenal: Glock-Pistole, Pfefferspray, Fesseln, Handfunkgerät und Müsliriegel. «Marek Miert?»

Am liebsten wäre ich einfach davongelaufen, aber mit meinem Kampfgewicht kommt man nicht sonderlich weit.

«Was passiert mir, wenn ich diese verfängliche Frage bejahe?»

«Nichts. Sie dürfen uns nur zum Kaffee einladen.»

«Wie wäre es mit übernächstem Freitag, sagen wir um halb zehn?»

«Verdammt noch einmal, machen Sie schon auf», sagte der Ältere, der auch bisher schon das Plaudern besorgt hatte.

«Ihre Dienstnummer, bitte. Ich werde mich über Sie beschweren», entgegnete ich und warf ihm den Schlüssel zu.

«Der Kollege hat, glaube ich, 4711», ließ sich der Jüngere vernehmen. Eine Stimme wie ein reißender Galgenstrick.

«Nein, 007», sagte der Ältere und gab den Schlüssel an den Galgenstrick weiter, der sich sogleich an die Arbeit machte.

«Folglich sind Ihre Namen wahrscheinlich Fred Feuerstein und Barney Geröllheimer», sagte ich.

«Exakt.»

Beide hatten faltenlose, glatt rasierte Gesichter mit derber

64

Haut, die so grausig banal wirkten wie Zimmerbrunnen aus Kunstmarmor. Anabolika sind eben keine Kosmetika.

«Gemma, gemma!», blaffte mich der Ältere an, als das Schloss aufsprang.

Ich bekam einen Stoß in den Rücken ab und setzte fliegend über meine eigene Schwelle.

«Wo ist der Schiele?», fragte der Ältere im Büro, drehte mich mit seiner linken Pratze auf meiner rechten Schulter zu sich und schlug mir mit der rechten mit aller Kraft in den Magen.

Ich blieb stehen.

Es war nicht leicht, aber ich blieb stehen.

«In meiner rechten Gesäßtasche.»

Der Jüngere, der von hinten gesichert hatte, griff ohne Überlegung blitzschnell zu – und zog einen Packen von Ganz' Fotos aus meiner Hose.

«So eine Schweinerei!»

«Auf der Rückseite der Fotos finden Sie das heutige Datum und die Uhrzeit – die ‹Schweinerei› ist vor nicht einmal einer halbe Stunde passiert.»

«Sie sollten ein bisschen mehr auf sich aufpassen, damit Sie nicht mit dem Wanst in eine offene Autotüre rennen wie gerade eben.»

«Danke für den Tipp. Ich werde es mir merken.»

«Nachdem wir alle ein bisschen zur Ruhe gekommen sind, also noch einmal von vorn: Wo ist der Schiele?»

«Wird denn ein Schiele vermisst?»

«Die Fragen hier stelle ich!», fauchte der ältere Bodybuilder. Ich beschloss, ihn fürderhin Hagen zu nennen. Wegen seiner entzückend jovialen Art und weil er auch hinter einem Schatz her war.

«Sie können doch nicht nach einem Bild fahnden, das nirgends als gestohlen gemeldet ist, soviel ich weiß.»

«Das haben wir dem Tschuschen, der uns angerufen hat, eigentlich auch gesagt.»

«Sie wollten sagen, dem Herrn Schätzmeister, dem leitenden Angestellten der Harlander Dependance eines bundeseigenen Unternehmens.»

«Sie haben den Schiele hier irgendwo! Geben Sie es zu!» Hagen gab nicht so schnell auf.

«Sie können sich ruhig überall umsehen, es ist alles so schön übersichtlich, allzu viele Möbel habe ich ja nicht.»

«Dann können wir es vergessen», wisperte die Galgenstrickstimme, Klein Siegfried mit immerhin noch eins neunzig, seinem Vorgesetzten zu.

«Die Detektei ist ein freies Gewerbe. Ohne Befähigungsnachweis. Letzteres wundert mich nicht», versuchte Hagen zu provozieren.

«Schon mal was von ARTIS gehört, dem Informationssystem der Interpol für gestohlene Kunstgüter? Oder bearbeiten Sie normalerweise nur Zeitungsdiebstähle?»

Diesmal kam der Magenhaken von Siegfried, und diesmal ging ich zu Boden. Wittgenstein, glaube ich – oder war es Carnap? –, hat einmal gesagt, die Ethik sei transzendental. Auf jeden Fall wird sie bei der Polizei der Aufklärungsquote wegen nur zu Weihnachten und zu Ostern angewendet.

Noch etwas ächzend, sagte ich vom Betonestrich aus: «Ich würde vorschlagen, Sie kommen wieder, wenn Sie nicht nur Ihre Faust, sondern auch eine ARTIS-Suchmeldung in der Hand haben.»

Überraschenderweise – auch wenn Siegfried noch versuchte, einige Laden des Registerschrankes einzutreten, aber Gusseisen ist eben Gusseisen – griffen Feuerstein und Geröllheimer meinen Vorschlag auf.

«Wir kommen ganz sicher wieder, Holmes.» Natürlich mussten sie das letzte Wort haben.

«Hoffnung auf einen Kaffee brauchen Sie sich aber keine mehr zu machen.»

Wieder einmal hatte ich mir eine gute Gelegenheit, meinen Mund zu halten, entgehen lassen.

«Sie kommen mir schon richtig magenkrank vor wegen dem vielen Koffein», verabschiedete sich Hagen, und Siegfried drosch die Tür zu, dass die warme Luft zitterte.

Die beiden hatten einen guten Job gemacht, fand ich. Meinen Fall würde ich mir aber trotzdem nicht wegnehmen lassen. So stur wie die Polizei bin ich noch lange.

Achtundzwanzig

«Sie haben mir gerade noch gefehlt!»

«Dachte ich doch, dass Sie Sehnsucht nach mir haben», sagte Friedrich von Wittelsbach schlicht, aber ergreifend. «Die Tür war übrigens offen. Die Herren im weißen Opel – eine geschäftliche Besprechung?»

«Tun Sie nicht so, als ob Sie noch nie mit der Polizei zu tun gehabt hätten.»

Statt einer Antwort nahm von Wittelsbach einfach Platz auf einem meiner wackeligen Stühle. Er sah – für diese Tageszeit – gefährlich nüchtern aus und wartete offensichtlich darauf, dass ich ihm etwas anbieten würde. Die Einrichtung meines Büros musterte er wie ein gewiefter Flohmarkttandler oder suchte vielleicht auch nur nach einem Barschrank.

«Das ist Ihr Geschäft?»

«Ist Ihnen das Interieur nicht elegant genug? Dann können Sie ja gleich wieder gehen!» Ich beschloss, seinen Anblick im Stehen zu ertragen, und wuchtete mich in die Höhe.

67

Mein Magen fühlte sich an wie verklumpte Sauermilch in einem Ausguss.

«Ich habe eine gute Nachricht für Sie!»

«Das heißt, Sie wollen gleich wieder von hier verschwinden, ja?!»

«Franz Schmidt ist wieder im Lande, ich könnte Sie beide zusammenbringen.»

«Was interessieren mich Ihre Saufkumpane?» Ich versuchte, seinen Preis zu drücken, und holte aus dem Schlafzimmer eine der beiden verdorbenen Flaschen Beaujolais. Als ich mit der Bouteille zurückkam, wühlte er mit zitternden Fingern in einer leeren Schublade des Schreibtisches. Heute dürfte er nicht viel Glück bei den Kaufleuten gehabt haben.

«Bemühen Sie sich nicht, dieses Büro ist so trocken wie meine schlechtesten Scherze.»

«Kein Glas?»

«Wittelsbach, ich bin nicht das Hotel Sacher, ich bin nicht einmal die Caritas.»

«Von Wittelsbach, wenn ich bitten darf.»

«Für dieses edle Tröpferl dürfte ich Sie Schröcksnadl nennen.»

Schröcksnadl griff sich die Flasche, wuselte mit einem der unzähligen Werkzeuge seines Schweizermessers – wahrscheinlich mit dem integrierten Zahnstocher – den Korken heraus und nahm eine ausgedehnte Kostprobe, wobei er fast den Flaschenhals verschluckte.

«Schmeckt wie eingegipster Embryo», rülpste er.

«Entschuldigung, ich dachte in der Eile, es wäre ein Château Lafite.»

«Der ist doch schon seit einem halben Jahr ausverkauft», gab sich von Wittelsbach als Kenner zu erkennen.

«Wollen wir hier ein kleines vinologisches Seminar abhalten, oder was?»

«Franz Schmidt», sagte von Wittelsbach lauernd und nahm noch einen Schluck Embryo. Er dürfte heute wirklich nicht viel Glück und Schmattes gehabt haben.

«Bei einem Treff in Schmidts Kabuff im Einquartierungshaus bekommt man allzu leicht ein Messer in die Milz ...»

Als Bestätigung nahm von Wittelsbach noch ein Quantum. Er verzog nicht einmal mehr das Gesicht.

«Ich bevorzuge eine neutrale Zone, vielleicht das Forum-Kaufhaus.»

«Wie soll ich den Schmidt denn dorthin bugsieren? Der geht mir doch nicht ins Forum, wenn er Sie nicht einmal kennt.»

«Prügeln Sie ihn dorthin. Das ist doch Ihre Spezialität, oder nicht?!»

«Sie Sozialromantiker! Der Schmidt ist doch keiner, der sich groß prügeln lässt. Der rennt doch in letzter Zeit immer mit einer Puffen herum.»

«Dann sagen Sie ihm, dass ich im Begriff stehe, eines seiner Bilder einer sinnvollen Wiederverwertung zuzuführen, und dass er mich am Treffpunkt daran erkennen kann, dass ich schiele.»

«Aber Sie schielen doch gar nicht.»

«Das lassen Sie meine Sorge sein.»

«Wie wär's mit einem Vorschuss?»

«Eine zweite Flasche Château Lafite und meinen wärmsten Dank im Voraus.»

«Sie haben mich heute auf dem falschen Fuß erwischt, sonst würde ich mir Ihre Frechheiten nicht bieten lassen», protestierte von Wittelsbach.

«Sie sind ein begabter Schnorrer, von Wittelsbach, ein begnadeter Säufer, aber hier geht es um simple Möglichkeiten. Die Flasche oder gar nichts. Und bringen Sie Schmidt dazu, dass er mich anruft – ich kann Schusswaffen einfach nicht ausstehen, seit ich mir beim Bundesheer den kleinen Finger in der Patronenkammer meines Sturmgewehrs 58 eingeklemmt habe. Ich musste dann ein ganzes Wochenende lang das Blut mit Wattestäbchen herausputzen.»

Neunundzwanzig

Harland war überhitzt wie ein alter, verkalkter Boiler. Die Stadt wurde auf einem Rechaud gegrillt und geröstet, getoastet und gesotten, und der Thermostat für den Kocher war schon vor Wochen kaputtgegangen. Nicht einmal die ältesten Harlander konnten sich an eine solche Bruthitzeperiode, an solch subfebrile Temperaturen erinnern. Weil sie schon längst der Hitzschlag und der Saunatod geholt hatte.

Ich schlief mit offenem Mund keuchend auf meiner Campingliege ein und träumte, dass von Wittelsbach auf eine Thorarolle pinkelte, während Tanzschul in kotbrauner Uniform eben Petroleum aus einer Kristallkaraffe auf einen Schrein träufelte. Dann hieß von Wittelsbach einen uralten Mann – von dem ich im Traum wusste, dass es der Kantor war – vor sich niederknien und riss ihm die rechte Hälfte des Vollbartes aus, sodass er stark blutete. Turnvater Jahn übernahm den Schwerverletzten mit Tritten und rief: «Auf zum Turnen!» Unter dem Gejohle von zehn, fünfzehn Männern mit bösen, blonden Bubengesichtern musste der Greis Kniebeugen und kurze, mühevolle Sprints quer durch den Betraum machen, wobei ihm von allen Anwesenden abwechselnd das Bein gestellt wurde, sodass er immer wieder niederfiel. Als er vor Erschöpfung ohnmächtig war, steckten ihn drei Kerle mit steinweißen Gesichtern und blauen Revolvern kopfüber in ein Petroleumfass – «Der braucht keinen Schuss mehr!». Vor dem Bethaus hatte der Oberbürgermeister, der wie Richard Wagner in der Endphase aussah, ein mit Kornblumen geschmücktes Podium erklettert, wo er gemeinsam mit einem griechischen Chor ‹Juda, verrecke› wie einen Kanon sang. Dann zündete er feierlich wie ein Heldentenor eine Lunte an, die zu Petroleumfässern in der Synagoge führte. SA-Männer in entweihten liturgischen Gewändern hopsten freudestrahlend um das Podium herum. Ein Pulk BDM-Mädel skandierte immer wieder: «Der Jud' muss weg, sein Gerschtl bleibt da!» Bald war ein Stück Himmel rot vom Widerschein des Brandes.

Ich erwachte mit Fieber in den Gelenken, im Kopf und in der Seele.

Selbst wenn man wach ist und halbwegs bei Sinnen, ist die Geschichte nicht mehr als eine schlechte Oper, ein Schauerstück, von blutigen Dilettanten aufgeführt und von Henkern inspiziert. Widergespiegelt in einem Fiebertraum, verliert die Geschichte jedoch vollends jeden Sinn. Ihre Opfer bleiben auf immer vergessen, nur der Generäle erinnert man sich gedenktäglich mit lustloser Akribie (schließlich müssen die Steinmetze auch von etwas leben).

Ich punktierte meine eitrige Zehe wieder einmal mit dem Taschenmesser, löffelte etwas Senf – ein Hausmittel meiner Wiener Großmutter gegen erhöhte Temperatur, das mir noch nie geholfen hat – und legte mich gegen halb drei Uhr wieder nieder.

Die Nacht war traumlos wie vor der Erschaffung der Erde.

Dreißig

Auf der Fahrt zum Bad – das Aroma meiner Schweißsekretion übertraf mittlerweile selbst den Schwefelgestank der Harlander Kunstseidefabrik – hatte ich ein peinlich überwältigendes Gefühl der Dankbarkeit für die alte Maschine des Ford Granada empfunden. Für ihre sture Zuverlässigkeit konnte ich mich nicht einmal mit einem regelmäßigen Service revanchieren, dachte ich nicht nur, sondern hätte auch fast meinem Wagen irgendwelche Koseworte zugeflüstert und war damit nicht wesentlich meschuggener als der Durchschnittsösterreicher, der sein Automobil eben mehr als alles andere liebt.

Davor hatte ich bis elf Uhr in den Vormittag hinein ausgiebigst alles gefrühstückt, was noch da war: schwarze zypriotische Oliven und einen Rest hart gewordenen bulgarischen Honig. Auch auf das inzwischen noch härter gewordene finnische Knäckebrot wollte ich nicht verzichten, denn schließlich ist das Frühstück die wichtigste Mahlzeit des Tages.

Vor der Schaufassade des riesigen Eingangsbereiches der Harlander Therme, die als ehemalige k. u. k. Militärkadetten-Schwimmübungsanstalt einer abgemagerten und verhatschten Hofburg glich, waren einige wenige Fahrräder abgestellt, und zwei Bademeister in weißen T-Shirts und ebensolchen langen Hosen langweilten sich Zigaretten rauchend. In diesem Sommerbad in einem ehemaligen Sumpfgebiet des Flusses im Osten der Stadt waren selbst bei diesen Temperaturen mehr Mistkübel als Badelustige zu finden. Denn was die Copacabana für Rio und die Copakagrana für Wien sind, ist der nahe Flussstrand für die Harlander. Von Ochsenburg im Süden bis über Pottenbrunn im Norden sind die Wiesen und Auen und Schrebergärten entlang des Flusses an heißen Sommertagen mit Scharen von Einheimischen besetzt, die sich, bewehrt mit Autan, Wurstsemmeln, Thermosflaschen, Fußbällen und Campingliegen, der ursprünglichsten Form des Badens – fernab von Chlor und Bademeistern und Eintrittsgeld – hingeben.

Bei der Kassa rauschte eine merkwürdige Prozession an mir vorüber, ohne die Kassiererin auch nur eines Blickes zu würdigen: voran der Harlander Landesrat Jardinger, in schwarzem Nadelstreifenanzug und Krawatte bei diesen Temperaturen offensichtlich gewillt, Selbstmord zu begehen, dahinter ein spindeldürrer Fotograf in Shorts und T-Shirt und drei, vier Sekretäre, die bekleidungsmäßig ihrem Chef nacheiferten, allerdings ohne seinen konservativ-deplatzierten Stil gänzlich zu erreichen.

Als ich die Umkleidekabine verließ und das Tiefwasserbecken ansteuerte, hatte sich Jardinger schon hinter ein extra kurzes Rednerpult neben dem Sprungturm – der seinen Schatten allerdings in eine andere Richtung warf – geklemmt und Probleme mit dem Mikrophon, das seine ohnehin schon hohe Stimme zur Mickymaus verzerrte. Zwei Sekretäre zerrten beflissen an den Leitungen, aber der Ton wurde dadurch gerade noch höher. Jardingers bierblondes Borstenhaar im Bürstenschnitt war dunkel vor Nässe. Vor dem Pult standen zwei Buchsbäume in schwarzen Kübeln kurz vor dem Verenden. Außer den beiden Bademeistern konnte ich keinerlei Adressaten der Rede entdecken. Ich selbst fragte mich, was es denn in einer mehr als hundert Jahre alten Badeanstalt einzuweihen oder zu eröffnen gäbe – bis ich den WC-Container hinter dem Sprungturm entdeckte.

Ein Wunder, dass der Bundeskanzler nicht gekommen war.

Plötzlich stoben die Sekretäre auseinander – wahrscheinlich, um unter den Badegästen menschliche Staffage für den Fototermin aufzutreiben. Da der Landesrat allerdings mehr breit als hoch geraten war und auf den Fotos sicherlich nicht gerne von elfjährigen Mädchen überragt wurde, war ihre Aufgabe keine leichte.

Ich war bereits zwei Längen prustend gekrault, als die Sekretäre in bunten Slips, die zur Not als Badehosen durchgehen mochten, und mit einem Rudel Kleinkinder wieder beim Rednerpult erschienen. Jardinger redete immer noch in die surrende Anlage, was vom mutigsten der Sekretäre einfach dadurch beendet wurde, dass er den Ständer mit dem Mikrophon wegtrug. Der Fotograf schoss gelangweilt und routiniert zwei Filme leer.

Als ich eben gelöst aus dem Wasser stieg, griff sich der Landesrat verkrampft an die Krawatte unter seinem hochroten Schädel – und fiel dann wie ein Sack leerer Bierdosen in sich zusammen. Während ihm die Sekretäre abwechselnd die Kleidung lockerten, ihn mit Wasser bespritzen, die Bademeister seinen Brustkorb massierten und die eingeborenen Statisten gafften, machte der Fotograf, um sich ein Körberlgeld zu verdienen, eine Extratour durchs Gelände und nahm einige Badegäste auf, um Ihnen anschließend seine Geschäftskarte in die Hand zu drücken. Die meisten Leute ließen seine Karten, so wie sie sie bekommen hatten, gleich wieder fallen, aber es musste trotzdem ein Geschäft sein. Auch ich entging ihm nicht.

«Vielleicht ein paar schöne Aufnahmen, der Herr? Porträt, Büste oder Ganzkörper?», murmelte es tonlos aus seinem schmallippigen Mund heraus.

«Ich finde, ich verfüge über so einen imposanten Brustkorb.» Bevor ich den Satz noch ganz fertig hatte, waren die Aufnahmen auch schon geschossen, und eine Visitenkarte lag in meiner offenen Hand.

Der Name darauf lautete Franz Schmidt jun.

Einunddreißig

Ein mit Bauernspeck gebeizter Feldhase, wenigstens eine Woche abgehangen, festes, dunkelrotes Fleisch in einer rustikalen Wildsauce mit Schwarzwurzeln und Küchenkräutern aus einem kleinen Gartl in einem geschützten Innenhof. Dazu Einmachknöderl und von Hand geschnittenes Rotkraut und schwarzes Budweiser Bier. Davor eine Suppe mit den saftigen Beinscheren Waldviertler Teichkrebse, mit Brunnenkresse und einem Spritzer Zitrone. Zubereitet auf einem gusseisernen, mit Buchenscheiten beheizten Herd in großen Emailtöpfen der Riess-Werke. All das gab es weiland in der Küche meiner Waldviertler Großmutter, aber nicht im Beisel ‹Zum k. u. k Bad›, wobei k. u. k möglicherweise kanzerogen und kotzen bedeutete. Ob die bedauernswerten Berner wirklich ‹Berner Würstel Hawaii›, mit amerikanischem Frühstücksspeck umwickelte Plastikdarmfrankfurter in einer Dosenananasscheibe steckend, erfunden haben, ist unsicher. Sicher ist, dass der Weißwein übertemperiert war, das heißt, dass man fast Eier darin kochen hätte können. Dafür war der Mohr im Hemd ebenso ungenießbar, weil eiskristallin, die Mikrowelle war offensichtlich kaputt. Ich zahlte resigniert. In einem österreichischen Lokal hat man, der landläufigen Schwerhörigkeit des Bedienungspersonals wegen, im Prinzip nur zwei Möglichkeiten, Mängel zu monieren. Entweder man schlägt die Einrichtung kaputt und verbringt einige Wochen in einer Arrestzelle, oder man beschwert sich beim Salzamt. Tertium non datur.

Mein Magen begann wieder zu stechen. Ich hasse es, auswärts zu essen. Aber zwei meiner bisher drei Kochversuche daheim sind jeweils in einen veritablen Küchenbrand ausgeartet.

Das zweite Mal, seit ich es angemeldet hatte, rührte sich

das Handy mit einem Johnny-Weissmuller-vulgo Tarzan-Schrei, den man mir im Elektrogeschäft vielleicht aus patriotischen Überlegungen eingeredet hatte (dabei kann ich nicht einmal jodeln, nur dodeln). Wiederum war ich überrascht, dass ein so kleines Plastikdings einen so infernalischen Lärm erzeugen konnte.

«San Sie der Miert?» Eine fettige, männliche, zweifellos inländische Stimme mit nur geringem Alkoholisierungsgrad.

«Wenn ich bereits eine Institution wäre, gewiss!»

«Oiso, wos is? San S'as jetzt oder san S'as net?»

«Vielleicht bin ich ja im Kreißsaal vertauscht worden, und eigentlich bin ich der Wittelsbach, oder nicht?!»

«Na, der san S' net, wäu der steht do bei mir.»

«Tatsächlich? Dann müssen Sie Franz Schmidt sein.»

«Nau, sowieso!» Das fettige Timbre der Stimme glänzte vor stolzer Überzeugung, jemand zu sein.

«Wie können Sie das übrigens beweisen?»

«Nau, i bin i!»

«Vermissen Sie etwas? Vielleicht einen Velazquez?»

«O ja!», sagte Schmidt.

«Man hat mich mit meiner Wohnung angeschmiert, mit einer Mozart-CD, auf der ein kehlkopfkranker Chor den Fidelio verhunzt, mit dem Essen hier und mit meinem Leben, aber von einem von Wittelsbach lasse ich mich nicht mehr anschmieren! Ich nicht! Sagen Sie ihm das! Grüß Gott!» Ich drückte mit einiger Energie den Ausknopf, worauf verblüffenderweise wieder der Ruf des Dschungels ertönte. High-Tech ist eben High-Tech.

Zweiunddreißig

«Miert am Apparat, Herr Kommerzialrat. Sie haben einen mündlichen Vertrag mit mir geschlossen und durch eine Anzahlung besiegelt.»

«Gar nichts habe ich!»

«Oh, doch. Sie haben meine Melange bezahlt. Sie sind mein Klient.»

«Sie spinnen! Hochgradig!», sprach die sonore Telefonstimme Kommerzialrat Gollwitzers.

«Sie werden sich sicherlich fragen, was ich Ihnen überhaupt zu bieten habe», sagte ich. «Nicht sehr viel. Ein Herz voll Angst und Mut und eine bloße Hand.»

«Sie gehören in Behandlung», versetzte Gollwitzer, aber er legte noch immer nicht auf.

«Was sagen Ihnen Klimt, Schiele, Kokoschka, Herr Kommerzienrat?»

«Stellen Sie ein Kreuzworträtsel für mich zusammen?»

«Haben Ihre Eltern Kunstwerke besessen? So in der Preisklasse einer Schubert-Partitur etwa?»

«Und wenn schon, was gehen Sie meine Eltern an!» Diesmal legte er auf. Ich wählte noch einmal die Nummer, aber Gollwitzer hob nicht ab.

Tanzschuls Auftrag war buchstäblich den Bach runtergegangen, Franz Schmidt hatte ich nicht gefunden und last, but not least ließ mich ein Meschuggener am Telefon stehen wie einen Rotzbuben. Am besten würde ich wohl daran tun, mein gewerblich genutztes Handy abzumelden, die Löschung meiner Firma bei der Handelskammer zu beantragen und mich nach einem Job als Lagerarbeiter oder so etwas Ähnlichem umzusehen.

Irgendwann isst man das letzte Vanilleeis, hört das letzte Mal die Symphonie aus der Neuen Welt und pinkelt das letzte

Mal versehentlich neben das Pissoir. Irgendwann sieht man zum letzten Mal eine kupferrot dampfende Sonne, wird das letzte Mal von einer anderen Hand sachte berührt und überfrisst sich das letzte Mal an Mohnnudeln. Dieses Ende hier im Restaurant ‹Zum k. u. k. Bad› war nur eines von vielen, die man im Laufe eines Lebens erleidet. Unser Ende ist kein Singular, sondern ein Plural, und es kommt nur darauf an, das Ganze mit ein bisschen zähnefletschender Würde über die Bühne zu bringen.

Dreiunddreißig

Die meisten Sozialämter beginnen mit der Zeit bestürzenderweise ihren Klienten zu ähneln. Die Sozialarbeiter hinter und die Petenten vor den Spanplatten-Schreibtischen sind bald nur mehr durch ihre Position im Raum voneinander zu unterscheiden. Und die Armut ist ja nur bei Ferdinand Raimund edel und schön. So leb denn wohl, du stilles Haus – grüß Gott, Sozialamt. In Wirklichkeit ist die Armut schlecht odoriert, weil sie kein Bad hat. Die Armut ist abgespannt, weil man von ihr keinen Urlaub machen kann. Die Armut lächelt nicht, weil sie nichts zu lachen hat. Die Armut hasst, weil ihre Gedanken nur mehr um das liebe Geld kreisen.

Das in einem Hinterhof eines Gemeindebaus in der Innenstadt untergebrachte Harlander Sozialamt, wohin ich frisch gestriegelt fuhr, machte da keine Ausnahme, und dem Beamten des Referates 5, das die Namensträger mit den Anfangsbuchstaben R bis U sozialpflegerisch verwaltete, hätte man am liebsten einen Schilling in die Hand gedrückt. Ich hielt mich jedoch vornehm zurück und gab mich wieder einmal als Dr. Marek Miert – Ihre rechtsfreundliche Vertretung in allen

Lebenslagen aus, der im Namen eines Mandanten Herrn Franz Schmidt einen kleineren Geldbetrag auszuzahlen hätte (in Wirklichkeit wäre mir selbst ein Scheck vom Sozialamt nicht ungelegen gekommen, aber immerhin bin ich Firmenbesitzer und hoffnungsvoller Jungunternehmer).

«Na, da hat er aber Glück gehabt! Wahrscheinlich das erste Mal in seinem Leben! Seine Adresse ist Eisnerstraße 4.»

Der Gefühlsausbruch des Sachbearbeiters überraschte mich, denn normalerweise haben Beamte während des Parteienverkehrs ihre Seele in der Amtsgarderobe zwischengelagert.

«Wie ist Franz Schmidt so?», stieß ich in dieses Gefühl nach. Man sollte immer seine Hausaufgaben machen, bevor man womöglich auf einen trifft, der eine Schusswaffe mit sich herumschleppt.

«Wenn man als Franz Schmidt geboren wird, verheddert man sich zunächst einmal garantiert in der Nabelschnur. Dann wird man im Krankenhaus durch eine Säuglingsschwester fast vertauscht, die rote, würfelförmige Objekte an jedem Himmel sieht und nach eigenen Angaben eine Narbe hat, als hätte ihr ein Marsianer mit einem Löffel etwas herausgenommen. Wenn man Franz Schmidt heißt, erhält man schon als Säugling Bier und Schläge zur Beruhigung, und der Vater stürzt in eine Künette, und die Lebensversicherung zahlt nicht, weil zweieinhalb Promille im Dienst einfach zu viel sind, und die Mutter wird delogiert und bekommt eine desolate Gemeindewohnung und noch zwei Kinder von präsumtiven dreieinhalb Vätern, von denen aber keiner zahlen will oder kann. Franz Schmidt war Mitte zwanzig, als das Leben praktisch für ihn vorbei war. Kein Beruf, geschieden, Schulden wie ein Stabsoffizier, eine Dauerkarte für das Bezirksgericht, bei seinen ungeschickten Autoeinbrüchen pflegte er Sonnenbrillen, Taschentücher, Straßenkarten und die Pille zu erbeuten, selten etwas für ihn wirklich Wertvolles wie zum Beispiel eine Wurstsemmel.»

«Okay, das war die Vergangenheit, aber wie sieht es jetzt mit ihm aus?» Der Beamte wunderte sich anscheinend nicht über meine Frage, die wohl weit über die professionelle Empathie eines Advokaten hinausging.

«Er ist jetzt sechzig, mittellos, mit Leberzirrhose im Endstadium, wir bezahlen seine Miete im Einquartierungshaus, die Kosten für Ausspeisung, Wäsche und Körperpflege im Tagesheim der Caritas. Er ist ein toter Mann. Erledigt.»

«Danke, Sie haben mir sehr geholfen. Den Scheck für Herrn Schmidt schickt mein Büro nächste Woche vorbei.»

Wenn einer sich und sein Leben im Branntwein ersäufte, erklärte man ihn für krank und führte diese Krankheit auf frühkindliche Frustrationen zurück. Wenn einer sein Baby an die Wand schlug, erklärte man es mit der Enge der Wohnung und den Finanzierungsproblemen des sozialen Wohnbaus. Wenn einer seine zerstückelte Gattin in der Kühltruhe zwischenlagerte, erfand man flugs einen Komplex für ihn und steckte ihn in irgendeine Therapie, die schon für irgendetwas gut sein würde.

Es gab keine Verantwortung mehr, für nichts und niemanden, keinen Stolz, keine Reue, keinen Mut und keinen Übermut, und niemand machte etwas gut oder schlecht, alles wurde gemacht, von geheimnisvollen Mächten, der Gesellschaft, den Hormonen, der sozialen Hackordnung oder den unsichtbaren Händen des Marktes ins Werk gesetzt. Im ganzen Land zerrissen die Löwen die Lämmer, aber niemand war ihnen darob ernstlich böse.

Vierunddreißig

«Was weißt du über deine Konkurrenz?» Ich hielt Ganz Franz Schmidt juniors Visitenkarte vor die Nase, weil ich immer wieder dazu neige, den Mond anzubellen und den gestrigen Tag zu suchen.

«Jetzt nicht, ich habe eine Kundin.»

«Wo?» Ganz' Fotostudio am Rathausplatz schien noch winziger zu sein, als ich es in Erinnerung hatte.

«Im Atelier», sagte Ganz. «Was soll das Ganze eigentlich? Haben die Gratisbilder deiner Tussi wenigstens gefallen? Ich dagegen habe nicht die geringste Lust, für dich jetzt auch noch das Lexikon zu spielen, ohne überhaupt zu wissen, was du eigentlich so treibst!» Kleiner Mann, ganz groß – Ganz war offenbar wild entschlossen, mich loszuwerden.

«Totengräber, ich grabe Tote aus.»

Ganz lachte auf wie ein neurotisches Meerschweinchen: «Mein Schulfreund, mein Kumpel, der Totengräber!»

Ich war eigentlich nie Ganz' Freund gewesen, aber das tat jetzt nichts zur Sache.

«Ausgraben? Du gräbst sie aus, hast du gesagt, nicht ein?» Ganz dämmerte etwas. Er sah dann aus wie eine Fahnenstange und bekam Augen wie ein gestochenes Kalb.

«Manchmal grabe ich sie auch wieder ein. Je nachdem.»

«Nein, im Ernst, Marek, was machst du?»

«Ich wühle mich in andere Menschen wie die Sau in den Rübenacker.»

«Wenn das so ist, weiß ich leider nichts über Franz Schmidt junior.»

«Ich glaube, dass du in deinem Hinterhofatelier gelegentlich pornographische Aufnahmen stellst. Ich wette, deine Kundin pudert sich gerade ziemlich intime Teile. Wenn das so ist, würde das deinem übrigen Familiengeschäft ziemlich schaden. Wer lässt sich schon von so einem anlässlich der goldenen Hochzeit ablichten?» Ich hatte natürlich keinerlei Anhaltspunkte außer seiner Finanzlage, aber einen Versuch war es allemal wert.

«Okay, okay, schon gut – was willst du über diesen Schmidt wissen?» Es ist doch schön, wenn sich Schulkameraden nach so langer Zeit noch immer verstehen.

«Beginne am besten bei seiner Geburt, ja.»

«Er ist der Leibfotograf eines Landesrates, aber trotzdem fährt er mir zwei Autos zu viel, machte seine Urlaube um zweitausend Kilometer zu weit weg und hat ein paar Eigentumswohnungen und Frauen zu viel. Außerdem sammelt er Hasselblads und Kokoschka-Lithographien, und du kannst ihn auch mieten, wenn du wieder einmal deinen Arsch auf Hochglanzpapier gebannt sehen willst.»

«Du hast deine Schulden beglichen. Auf Heller und Pfennig», sagte ich langsam und machte, dass ich da rauskam.

Fünfunddreißig

Es ging auf die Außenbezirke zu.

Bei jedem Kreuzungshalt scharwenzelten dunkelhäutige Zeitungsverkäufer durch die Schlangen der wartenden Autos. Denn der frühe Abend weckte in den aus der Innenstadt strebenden Angestellten zuverlässig die Lust auf Nachrichten und Bilder darüber, was die anderen erlebt hatten. Man selbst hat ja nur den neuen Vizeabteilungsleiter in Aktion erlebt, und das war nicht eben viel. Diese Neugierde auf fremde Aufregungen, Krisen und Niederlagen konnte des Staus wegen glücklicherweise noch im Auto befriedigt werden. So hat man in der frei, also kreditfinanzierten Eigentumswohnung mehr Zeit für Frau, Kind, Seele und die zweiunddreißig Kanäle des Satellitenfernsehens.

Franz Schmidt junior wohnte jedenfalls standesgemäß in einem Winkel im äußersten Westen Harlands, der Am Eisberg hieß, weil in der schlechten alten Zeit die Höhenstraße in diese Gegend vor allem im Winter den Pferdefuhrwerkern Schwierigkeiten bereitet hatte. Die Mercedes-Karossen, BMW-Cabrios, Landrovers, Puch Gs, Jaguare der heutigen Bewohner schafften die kleinen Steigungen aber problemlos. Wohlhabende Harlander verstecken ihren Reichtum für gewöhnlich hinter Taxus- und Thujenhecken, Treuhändern und Inselkonten, aber an den Automobilen konnte man sie noch problemlos erkennen.

Es war ein Viertel des neuen Geldes, das man in den letzten Jahren vor allem durch halsbrecherische Immobilienspekulationen, den Bau von Einkaufszentren und Bürotürmen auf der grünen Wiese, mit den neuen Medien und allerlei Beraterhonoraren verdient hatte. In Harland gab es zwar keine Mafia, aber es war gut, wenn man dabei war.

Das Haus des Juniors war für diese Gegend betont unauffällig – ein paar Marmorsäulen, eine angeschlossene Squashhalle, zwei Doppelgaragen –, unbeleuchtet und lag in einer Sackgasse. Ich parkte den Granada so ein, dass mich die Scheinwerfer eines zu seinem Anwesen einfahrenden Wagens streifen mussten.

Vor einigen Jahren bin ich noch relativ problemlos in der Lage gewesen, einen Integral zu berechnen und den Dreischritt der Dialektik des Denkens zu begreifen. Der Einfluss der Sterne erstreckt sich meiner Meinung nach vor allem auf das Budget der NASA, und das Prinzip von Ursache und Wirkung war mir immer einsichtig, besonders wenn ich geohrfeigt wurde. Ich befürchte aktuell weder eine Verschwörung der Freimaurer noch einen drohenden Staatsstreich der

83

Schlümpfe, und früher habe ich sogar Popper, allerdings nur in homöopathischen Dosen, gelesen. Ich bin also durchaus dem rationalen Teil der Menschheit zuzurechnen. Warum ich allerdings die Beschattung Franz Schmidt juniors aufnahm, der doch keinesfalls für seinen Vater sippenhaftete, kann ich wahrscheinlich nur einer Verdauungsstörung meinerseits oder einer Dysfunktion meines Solarplexus oder dem rätselhaften Ratschluss der Zirbeldrüse zuschreiben. Manchmal würfelt halt selbst der liebe Gott.

Über diesen Gedanken nickte ich hinter dem Lenkrad ein.

Sechsunddreißig

Ein Stehplatz, noch dazu in der Mitte des Straßenbahnwaggons, war an und für sich gar nicht schlecht, dachte ich. Man hatte es gleich weit zum vorderen und hinteren Ausstieg, war dem mittleren so nah und brauchte im Falle des Falles nicht mehr auf die Beine zu kommen, weil man – Blitzmerker – schon auf den Beinen war. Einem einzelnen Kontrolleur konnte man so locker ein Schnippchen schlagen, und eine so genannte Treibjagd war in Zeiten wie diesen, wo es hieß, Mehrdienstleistungen und Überstunden einzusparen, sowieso mehr als unwahrscheinlich. Bei der nächsten Station stieg ein blondschopfiger Jüngling im Trenchcoat zu und stellte sich neben mich. Freundlich wie ein Vertreter für illustrierte Bibeln lächelte er in die Runde. Der Fahrscheinautomat ratterte asthmatisch beim Anfahren der Straßenbahngarnitur, und eine große Zufriedenheit breitete sich in mir aus. «Du willst wohl gefüttert werden, mein Lieber. Aber nicht von mir, nicht von mir», lächelte ich in mich hinein.

Der junge Mann im Trenchcoat war eben dabei, eingehend das übliche Schild zu studieren, auf dem zu lesen war:

Wir bitten, älteren und gebrechlichen Personen die Sitzplätze zu überlassen.

Er grinste das Schild mit ebenso ausdauernder Freundlichkeit wie zuvor die Fahrgäste an. Dann begann er mit einem Mal, das besagte Schild abzumontieren. Mit dem Schraubenzieher nicht ungeschickt hantierend, grinste er noch immer ganz infernalisch. Was ich denn um Himmels willen machen sollte, fragte ich mich, wenn da einer neben mir, keinen ganzen Meter von mir entfernt beginnt, mit einem Schraubenzieher öffentliches Eigentum zu demontieren? Müsste man jedem Meschuggenen in den Arm, in den mit einem Schraubenzieher, als fast mit einem Dolch bewehrten Arm fallen? «No, Nonsens natürlich, eine solche Haltung», dachte ich und beschloss, einfach vorzugeben, nichts zu bemerken von der vorsätzlichen Sachbeschädigung und Hase zu heißen und nichts von nichts zu wissen. Noch dazu, wo alle anderen Fahrgäste ebenso wenig unternahmen und ebenfalls Hase hießen.

Der Blondschopf hatte inzwischen alle Schrauben gelöst und zog nun aus den Weiten seines Mantels ein neues, genau gleich großes Schild hervor. Er grinste immer noch wie ein Wanderprediger. «Eines muss man diesem Verrückten lassen: Ausgerüstet ist er wie der TÜV», dachte ich und wandte mich gänzlich von dessen meschuggenem Treiben ab. Schließlich war ich ja nicht der Hüter dieses offenbar Geisteskranken, und die Tafel stand auch nicht in meinem Eigentum.

Eine alte Dame kraulte liebevoll einen apathischen Pudel, ein Studentenpaar weidete einander die Lippen ab, ein Bierbauch verdaute gemächlich, zwei Mittvierziger in Anzug und Krawatte diskutierten über «tribologische Untersuchungen», ein kleiner Bub versuchte, die Barbiepuppe seiner Schwester zu erwürgen, während die Mutter an Töchterchen, Söhnchen und Püppchen Pommes frites verfütterte, mein Lieblingssitz war noch immer besetzt, und die nächste Haltestelle war bereits zu sehen. Rumpelnd rollte die Garnitur ein.

Die drei Kontrolleure besetzten die drei Ausstiege ziemlich synchron, und so war es mit dem schnellen Sprung nach draußen, den ich im Falle des Falles vorgehabt hatte, nichts, aber auch gar nichts. Ich bemerkte eine salzige Nässe auf meiner Oberlippe, und aus Verlegen- und Verlorenheit wandte ich mich wieder dem blonden Dauerlächler zu. Der hatte das neue Schild wirklich schon montiert und festgeschraubt und blickte nun voller Werkstolz auf das Täfelchen.

Es war nur ein Satz, der darauf stand, ein Satz, den ich las, nicht glauben konnte, las und wieder nicht glauben konnte, nur ein Satz, ein einziger Satz:

Ab sofort werden Schwarzfahrer erschossen.

In all meiner Verdattertheit über den Satz musste ich, so dachte ich, den Verrückten wohl mit einem unsäglich blöden Gesichtsausdruck angestarrt haben, denn der zuckte überaus amüsiert die Achseln und gab mit glucksenden Lauten nur die nichts sagende ‹Erklärung›: «Ja, ja, die Zeiten haben sich geändert.» Dann kramte er aus seinem offenbar unerschöpflichen Mehrzweck-Trenchcoat einen kleinen, ansteckbaren Plastikausweis hervor, der so billig und schäbig aussah, als hätte er ihn in einem albanischen Discount-Basar geschenkt bekommen: Auf der Plastikkarte war sein Brustbild eingeschweißt, das Abbild grinste (natürlich!) infernalisch, während das Vorbild gerade eben versuchte, sich das Abbild vermittels eines Clips anzustecken.

«Bitte, wir sind doch hier in Mitteleuropa! Das gibt's doch gar nicht! Das kann doch einfach nicht wahr sein!», dachte ich, während die drei Kontrolleure in ihren schwarzen Uniformen bereits Fahrscheine und Billetts in Augenschein nahmen und der Blondschopf noch immer mit seinem garantiert gefälschten Plastikausweis herummurkste.

Da kam mir der erlösende Gedanke. Wie ein Blitz, der in mich einfuhr und mich vom Kopf bis zu den Zehen mit heißer Helligkeit überflutete, der erlösende, der eigentlich furchtbar simple Gedanke: «Das alles ist einfach eine große Komödie, ein Jux, das alles ist einfach ‹Achtung, Kamera›, die Sendung mit dem ... von dem ... na, wie heißt der doch gleich?»

Vor lauter Freude über diese überraschende Lösung hüpfte ich auf den Blondschopf zu und schüttelte dem eher Widerstrebenden überschwänglich die Hand: «Na, mein Bester, wo haben Sie denn die Kamera? Wo ist denn die Kamera versteckt?»

«Kamera?» Der Gute war etwas schwer von Begriff, dachte ich, ein Fernsehmensch eben.

«Na, die Kamera! Diese modernen Dinger sind ja heutzutage schon so klein, nicht?!» Ich demonstrierte mit Zeigefinger und Daumen ungefähr die Größe eines rachitischen Taubeneies.

«Ihr habt mich aber ganz schön zum Narren gehalten, ich bin euch wunderbar auf den Leim gegangen. Aber ich will nicht so sein – ihr könnt den Beitrag senden!»

«Senden? Was sollen wir denn senden, mein Herr?» Der Gute ist immer noch in seiner Rolle, dachte ich, offenbar fehlt noch der ‹Cut›-Ruf des – verborgenen – Regisseurs.

Aus den Augenwinkeln sah ich, dass die alte Dame mit dem Pudel brav einen Fahrschein zückte.

«Und für das Hunderl haben Sie keinen, gnä' Frau?»

«Seit wann braucht denn mein Flocki einen Straßenbahn-Fahrschein?»

«Seit immer.»

Meine momentane Erleichterung war so groß, dass ich über den mitgehörten Dialog heftig lachen musste.

«Ich wollte schon immer ins Fernsehen. Ist ja urkomisch», prustete ich, ein Lachkrampf kündigte sich an.

«Welches Fernsehen denn?», fragte der Blondschopf nun völlig verständnislos. Mit Lachtränen in den Augen sah ich verschwommen, wie der Kontrolleur den Pudel rüde am Genick packte und aus seiner schwarzen Uniform einen Revolver zog, den er dem armen Tier an den Bauch drückte.

«Und wie steht's übrigens mit Ihrer Fahrkarte, Sie Komiker?», wurde ich von dem nun völlig ernsten Verrückten gefragt.

In den Aufschrei der alten Dame krachte der Schuss.

Ich wachte erst auf, als das Glas des Seitenfensters auf der Fahrerseite auf mich niederprasselte und meine linke Gesichtshälfte zerkratzte. Der Polizist, dem ein zweiter Uniformierter mit einer Taschenlampe leuchtete, rammte den Schlagstock noch einmal ins Wageninnere und traf mich an der Schläfe. Ich hörte noch so etwas wie einen gebrüllten Befehl, den ich aber nicht mehr verstand, weil es wieder schwarz wurde vor meinen Augen. Wenn der Pudel dann noch einmal in einem Traum auftauchte, habe ich ihn nicht mehr gesehen, weil er dunkel war wie Mephisto.

Siebenunddreißig

«Na, bei wem wollten wir denn ein bisschen einbrechen?», versuchte es Hagen mit der Eiapopeia-Methode.

«Ich habe noch Glas in meinem linken Ohr, und ich habe schon mal mehr gelacht», antwortete ich.

«Die Beamten haben Sie mehrmals ganz korrekt aufgefordert, aus dem Wagen zu steigen, aber Sie haben ja nicht einmal mit der Wimper gezuckt. Die Kollegen mussten daher zu einem dosierten Gewaltmittel greifen. Schon aus Selbstschutzgründen», meinte Siegfried.

«Machen Sie das eigentlich mit jedem eingenickten Parksünder?»

Das Vernehmungszimmer war mit relativ neuen Stahlrohrmöbeln – einigen Sesseln, einem Schreibtisch und einem fragilen Aktenschrank – eingerichtet, die wohl der Ikea-Elch gemeinsam mit einer Flasche schwedischen Wodkas designt hatte. Die Wände und der Boden waren der Einfachheit halber mit einer Ölfarbe eingelassen, für deren Farbwert mir einfach die Worte fehlten. Irgendetwas zwischen zerkochter Minze, Gallensaft und abgestandenem Leichtbier. In einer Ecke klebte eine Videokamera wie ein Weberknecht, und an den Wänden hingen Fotos von diversen Siegerehrungen des Polizeisportvereines.

«Sie sind auf Bilder aus, nicht? Kunstdiebstahl ist Ihr Metier, nicht?»

«Ich kann einen Renoir nicht von einem Renault unterscheiden.»

«Also, so kommen wir nicht weiter!», polterte Hagen.

«Sie können es ja wieder mit Hieben in den Magen versuchen, aber diesmal kotze ich Ihnen den Schreibtisch voll.»

«Also, Sie wollen mir doch nicht erzählen, dass Sie kein Zuhause haben und sich deshalb gerade im Villenviertel ausschlafen mussten? Sie haben doch was ausbaldowert!», ereiferte sich Hagen.

«Glauben Sie, uns macht es Spaß, uns die Nacht um die Ohren zu schlagen, um …» Diesmal war wieder Klein Siegfried dran. Ein eingespieltes Duo.

«Wie spät ist es eigentlich? Weil Ihre Kollegen mir die Uhr abgenommen haben.»

«Aus Sicherheitsgründen!», meinte Hagen nur.

«Die ist leider im Zuge der Amtshandlung …» Siegfried

nahm meine Armbanduhr aus seiner Hosentasche, legte sie vor seinen Fußspitzen genüsslich auf den Boden und trat einmal mit dem Absatz darauf. «Tja, leider zerbrochen! Kaputt! Kennen Sie übrigens den Witz von dem Kolchosentraktoristen, der in seiner Uhr eine tote Wanze findet?» Mit einer missglückten Parodie auf die Grandezza eines alternden Calderon-Darstellers reichte er mir die Reste meines Chronographen.

Mein Einkommen ist so unregelmäßig wie der Harnfluss eines Prostatapatienten. Ich kann mir keinen Kaschmirschal und keinen privaten Pool, keine Fernreisen und keine großen Gefühle leisten, schon gar nicht gekränkte Eitelkeit. Vielleicht würde es für das zerborstene Gehäuse beim Kauf einer neuen Uhr Rabatt geben, ich nahm es daher in Empfang, anstatt es Siegfried in eines seiner Nasenlöcher zu stopfen.

«Die Videokamera ist natürlich nicht eingeschaltet. Leider in Reparatur», Hagen war der Komiker von den beiden, nur wusste er es nicht.

«Ich habe meinen Dienst bei der Polizei unter anderem auch deswegen quittiert, um von solchen Witzen verschont zu werden.»

«Das ist Ihnen aber gründlich misslungen.» Wo Hagen Recht hatte, hatte er Recht.

«Um noch einmal auf den Schiele zurückzukommen …»

«Um noch einmal auf ARTIS zurückzukommen …» Ich schaffte es einfach nicht, Siegfried ernst zu nehmen.

«Wenn Sie jetzt Ihren Anwalt anrufen möchten, das Telefon ist leider auch in Reparatur.» Natürlich Siegfried.

«Wie geht's nun weiter? Stellen Sie Ihre belämmerten Fragen noch zweitausendmal, zerbrechen Sie auch noch meinen Kugelschreiber oder lassen Sie einen lauwarmen Automatenmocca bringen, den ich dann strafweise mitsamt dem Sud austrinken muss?»

«Na, bei wem wollten wir denn ein bisschen einbrechen?»

Achtunddreißig

«Wenn wir Sie noch einmal am Eisberg erwischen!», murmelte Hagen und sperrte eine Hintertüre ins Freie auf. Die Nachtluft draußen schien genauso stickig zu sein wie im Gebäude selbst. Die Sonne hatte dem Tag die Augen ausgebrannt, und es rann wie Warmleim über meinen Rücken. Ich war zu müde, um noch etwas Sinnvolles zu antworten.

Eskortiert von den beiden Hünen, war es zunächst auf den chronisch überfüllten Zellentrakt zugegangen, aus dem mir alle Sprachen des Unglücks und des Jammers entgegenschnarchten. Aber ich ahnte, dass sie dort in Wirklichkeit gar keinen Platz für mich hatten. Denn Anfang der siebziger Jahre hatten sich die Harlander entschlossen, ihre Klosetts nicht mehr selbst zu putzen, ihren Müll nicht mehr selbst zu vergraben und ihren bettlägerigen Ahndln nicht mehr selbst die Windelhosen zu wechseln. Anfang der achtziger Jahre wollten sie auch nicht mehr selbst kellnern, schon gar nicht an Sonn- und Feiertagen, wollten nicht mehr selbst Mineralwasserkisten im Supermarkt stapeln und die Abendausgaben der Zeitungen vertreiben. Ende der neunziger Jahre aber hatten die Harlander die Räumung ihrer Senkgruben und Kanalschächte, die Mülltrennung und das Spitalswesen so weit rationalisiert, dass ein Großteil der rund zehntausend balkanesischen und anatolischen Dreckwegputzer in der Stadt überflüssig war. Die Polizei nahm sie daher beim kleinsten Vergehen in Schubhaft und schob sie dann dorthin ab, wo der Pfeffer wächst, sonst aber nicht eben viel. In den neuen Zeiten war nicht einmal die Aufenthaltssicherheit von Putzfrauen gegeben, immer mehr Harlander griffen der Wirtschaftskrise wegen selber zu Schaufel und Besen oder ließen den Dreck einfach liegen.

Im Dämmer des Mondlichts und manchmal einer spartanischen Notbeleuchtung hatten mich die ortskundigen Kieberer 007 und 4711 abwechselnd durch das halbe Gebäude geschubst, und ich war zu ihrem Gaudium über Papierkörbe und Stufen, über Kleiderständer und Anschlagtafeln gestolpert.

«Na, los! Gehen Sie schon! Sonst sperren wir Sie noch ins Besenkammerl!» Ich blieb immer noch wie ein Sack Kartoffeln vor der Tür stehen. Ich überlegte. Ich ging nicht.

«Die Reparatur des Fensters und der Uhr können Sie beim Salzamt einklagen», kicherte Siegfried.

Eines war mir plötzlich klar: Franz Schmidt junior konnte sich nicht nur allerlei Luxus, sondern auch zwei beamtete Beschützer leisten.

«Hätten Sie nicht Lust, mich auf der Flucht zu erschießen?»

Keiner der beiden lachte.

Neununddreißig

Von den Lebenden hatte keiner mehr Verwendung für die hartnäckige Kraft meiner 110 Kilo, für das, was ich in sechs Jahren bei der Polizei gelernt hatte, und für meine Arbeit, grüblerisch, schneckenlangsam, aber zäh. Nur die Toten wollten, so schien es mir, noch etwas von mir wissen.

Das straßenseitige Portal des jüdischen Friedhofs aus drei Betonquadern – zwei senkrecht, einer waagrecht quer darüber gelegt, der Beton rissig wie ein Greisenhaus, der Einsturz absehbar – war durch einen verrosteten Maschendrahtzaun verschlossen. Die Pforte vom christlich-arischen Hauptfriedhof aus konnte ich nicht benützen, da die Dienstwohnung des Totengräbers nicht weit davon entfernt lag und die Diener der Toten einen Schlaf aus Seidenpapier haben. Normalerweise werden meine Kondition und mein Sportsgeist von jedem Meerschweinchen übertroffen, aber diesmal stieg ich über den Zaun wie ein Erzengel, der zum Jüngsten Gericht bläst. Hätte man mich gefragt, was ich denn auf dem Gottesacker zu suchen habe, wäre ich mir wohl der Peinlichkeit bewusst geworden, keine Antwort zu wissen. Aber die Toten fragten mich nicht, und so war ich einer Antwort enthoben.

Es war halb vier Uhr in der Früh gewesen, als ich mich an der Rückfront der Bundespolizeidirektion, auf dem Polizeiparkplatz wiedergefunden hatte. Die große, fluoreszierende Fassadenuhr der gegenüberliegenden Maschinenfabrik hatte die abgestellten Streifenwagen und Mannschaftstransporter schwach käsig beleuchtet, der Granada war allerdings nicht darunter gewesen. Ein langer Fußmarsch zum Eisberg, wo sie meinen Wagen einfach stehen gelassen hatten, war da noch vor mir gelegen, und Harland hatte geschlafen in der Hitze, in der Hitze der Nacht, nervös und fieprig wie ein schnell wachsendes Kind.

Von den Bemühungen und etwaigen Fortschritten der Hauptschüler, die der Vegetation mit den Sägen, Harken, Beilen und Rechen ihrer Eltern zu Leibe rückten und die Grabdenkmäler nach und nach vom Bewuchs eines halben Jahrhunderts befreiten, von den Moosen, Stauden, dem Gestrüpp, den Bäumen, Wurzeln und dem Gras, das über uns alle wächst – über die einen früher, über die anderen später –, war nichts zu bemerken. Selbst die Grabsteine, von denen die meisten wieder aufgestellt schienen, waren nicht mehr als schwarze, gedrungene Flecken in einer dunklen Blutsuppe. Ich versuchte zwei Schritte auf dem teils kiesigen, teils matschigen Untergrund – und schlug der Länge nach hin. Also doch eher ein Meerschweinchen. Als ich mich vom ersten

Schreck erholt hatte, bemerkte ich, dass ich mehr oder weniger einen Grabstein umarmt hielt, ein geometrisch-kantiges Ding von den Ausmaßen eines Heumarktcatchers. Obwohl mein Gesicht wie im Ringkampf vielleicht nur zehn, fünfzehn Zentimeter von seiner glatt glasigen Schauseite entfernt war, konnte ich seine Inschrift in ihrem Ausmaß gerade noch erahnen, aber nicht lesen. Das FBI hat in solchen Fällen mindestens einen Laserstrahler oder eine Ultraviolettlampe parat, ich hatte nichts als meine schwitzende Handinnenfläche, um den schmierigfeuchten Stein abzutasten, und meinen Zeigefinger, um die eingravierten Buchstaben nachzufahren. Exegi monumentum SAe perennius. Hoffentlich. Möglicherweise hatten sie nicht nur die Steine umgestürzt, sondern zuvor als Fleißaufgabe auch noch die Inschriften zerkratzt.

Der erste Buchstabe von oben war ein A in schwungvollem, regelmäßigem Rund, der zweite ein N, der dritte wieder ein A, alles schätzungsweise fünf Zentimeter große Kapitelbuchstaben. Als ich den Namen Anastasius Grün mit den beiden Jahreszahlen 1869–1927 darunter schließlich begriffen hatte, hob im Friedhof ein unterirdisches Kichern an, ein Tollen und Brausen, ein leises Lachen wie aus einer großen, vertrockneten Muschel. Vielleicht, das will ich ja zugeben, um nicht in der Gummizelle zu landen, nicht als physikalisches Phänomen, aber jedenfalls eine Belustigung aus vielen Kehlen und Köpfen, Hälsen und Hohlräumen, Lungen und Zungen in meinem Schädel. Auf jeden Fall schien mir dieses Kichern so real zu sein wie meine Gallenblase, von der ich annehme, dass ich über ein solches Organ verfüge, obwohl ich es noch nie gesehen habe. Ich verharrte in der Umarmung des Steines, und meine rechte Hand wischte diesem schwächer werdenden Kichern nach, das aus dem Boden zu kommen schien, über die glatte Oberfläche der Steinplatte nach unten.

Eine ungelenke Hand hatte am Fuß des Grünschen Steines noch eine zweite Inschrift eingemeißelt, leicht schief und mit unregelmäßigen Abständen zwischen den Lettern und Ziffern. Lorenz Gollwitzer 1924–1939 stand da, und als ich das mit meinem Zeigefinger las, hob im ganzen Friedhof das unterirdische Kichern erneut an. Es hob aber auch eine Art von Streiten an, denn die alten Familien hatten den jungen Gollwitzer noch gekannt – vom Wegschauen – (und seine Eltern, die man ins Gas schickte) und die Sudetendeutschen den nicht mehr so jungen und den mittelaltrigen, aber beide Gollwitzers waren merkwürdigerweise irgendwie nicht so recht zur Deckung zu bringen, sie waren verschieden, sie waren zwei!

Ich habe noch nie einen Arzt wegen Visionen aufsuchen müssen, in den Kanalschächten vermute ich keinesfalls die geheimen Versammlungsorte der letzten Templer, im Religionsunterricht habe ich niemals Marienerscheinungen vorgetäuscht, und bei den Tauglichkeitsuntersuchungen für das Bundesheer und den Führerschein wurde meine geistige Gesundheit amtlich festgestellt und behördlich bestätigt, aber das war geradezu ungeheuerlich! So weit konnte man kommen, wenn man sich eine Nacht und die Polizei um die Ohren schlug.

Ich beschloss, den ganzen gleisnerischen Friedhofsspuk durch eine Maschine zu bannen und nestelte meine japanische Billigsdorferkamera aus dem Hosensack, obwohl sie durch das Mühlbachwasser sicherlich unbrauchbar geworden war. Aber als ich den einzigen Knopf an ihrem Gehäuse drückte, klappte der kleine Elektromotor in ihrem Inneren überraschenderweise surrend das Objektiv auf, und in ihrem Blitzlicht las ich nochmals die beiden Inschriften, diesmal mit den Augen. Die Toten in den Schachtgräbern sogen gierig das Licht des Blitzes ein, die alten Familien, deren prunkvolle

Grabdenkmäler die Zeile um das Hauptportal dominierten, die kleinen Leute und die sudetendeutschen Eisenbahner aus Cesce Velenice, Znaim und Budweis, die die Stadt wieder aufgebaut hatten. Das meiste Licht aber fiel in die stillsten und dunkelsten Teile des Gottesackers, in die Erde, die die ukrainischen Sturmkompanien und die Juden gedüngt hatten mit ihrem Fleisch.

Vierzig

Die heimische Burenwurst kann es durchaus mit McDonald's aufnehmen, indem sie nämlich alle Nachteile gepflegten Fast foods ebenfalls in sich vereint: Sie ist höchstens lauwarm, ebenso fett- wie kalorienreich und relativ teuer. Nach dem Genuss einer solchen Wurst legt man sich entweder zum Schlafen oder zum Sterben hin.

Ersteres hatte ich fest vor, nachdem ich beim Kauen am Würstelstand nächst dem Friedhof fast eingeschlafen wäre und der Standler auf meine Frage, wie spät es sei, fünf Finger in die Höhe gehalten hatte. Die österreichische Literatur, soweit ich sie kenne, ist voll von Gesprächen am Würstelstand, das Kabarett hierzulande lebt davon, und selbst vor dem Burgtheater steht ein solcher – bei dem oft bessere Dialoge als im Haus selbst zu hören sind –, ja das österreichische Theater hat im 18. Jahrhundert überhaupt mit dem Hanswurst glorios eingesetzt, aber dieser Standler blieb stumm, stiller noch als seine bratenden Würste, deren Plastikhäute doch hin und wieder zischend aufplatzten. Er hatte die Münzen schweigend hingenommen und die rotbraune Wurst mit Senf und Semmel ausgegeben, als stünde ein Schatten vor ihm, dem man nicht allzu viel Appetit zutrauen könnte. Die

Pendler und Schichtarbeiter, die normalerweise um diese Zeit hier einkehrten, waren aber wahrscheinlich auch nicht viel lebendiger als ich.

Nachdem mir leicht übel geworden war, hatte ich mich grußlos in den Wagen gesetzt, der wenige Meter vor dem Würstelstand stand, und war auch schon halb eingeschlafen. In diesem Zustand chauffierte ich mich nach Hause. Alle Ampeln waren zum Glück noch ausgeschaltet und die Straßen leer wie die Präambeln von der Gerechtigkeit vor den großen Gesetzen.

An der Tür meines Wohnbüros klebte eine Post-it-Notiz: «Könnten Sie Ihre Mühlbach-Tätigkeit für mich nicht wieder aufnehmen? H. Tanzschul.»

Anscheinend hatte er niemanden gefunden, der mir das Mühlbachwasser reichen konnte.

Einundvierzig

Zuerst wurde der Himmel gelbgrün wie ein abgelaufener Emmentaler, dann derb rotviolett wie ein Pavianhintern, und zuletzt explodierte er wie ein kakanischer Portier, den man bei seinem Mittagsschlaferl in der Loge gestört hatte mit einer läppischen Bitte um Auskunft.

Dabei war ich bis dahin der Meinung gewesen, es beim zweiten Versuch – ich kann es mir nicht einmal leisten, einem Tanzschul etwas nachzutragen – weit besser hinzukriegen: In meinen hoffentlich wasserdichten Rucksack hatte ich Schuhe, Hose und Hemd gepackt und einen gefällten und bereits entasteten Aubaum requiriert, auf dem ich ab Castel Gandolfo wie Don Quichotte auf seiner Rosinante bachabwärts aus der Au herausritt. Nach nicht einmal einem Kilometer Floßfahrt hatte ich bereits zwei Schlauchleitungen entdeckt und fotografiert, wovon die eine aber möglicherweise ein Abwasserrohr war, dann hatte meine Kamera endgültig den Geist aufgegeben.

Ich konnte nicht mehr nass werden, und es war ein schlechter Tag zum Sterben, aber der Bach schwoll durch den Wolkenbruch nicht nur rapide an, sondern trat auch bereits teilweise über die Ufer in eine Schrebergartensiedlung. Der Holzstamm schoss mit mir vorwärts wie ein Biotorpedo, während ich mich nur mit Mühe auf ihm halten konnte. An eine Lenkung war – womit auch? – nicht zu denken, und ich war heilfroh, als der Baum nach vielleicht einem weiteren Kilometer ohne mein Zutun das Bachbett verließ und sich in eine halb überflutete Wiese bohrte und da hängen blieb. An einem Donnerstag schätzungsweise um halb zwei fand ich mich in der Unterhose im Garten eines fremden Einfamilienhauses irgendwo in Harland wieder. Keine zehn Meter von mir prasselte der Schnürlregen auf einen Wintergarten, in dem es sich der Hausherr in Boxershorts und Netzleiberl auf einer Hollywoodschaukel gemütlich gemacht hatte und ab und zu an einem Cuba libre nippte. Glücklicherweise wandte er mir den Rücken zu und starrte auf die offene Wintergartentür ins Hausinnere, aber ich machte, dass ich hinter den nächsten noch nicht überfluteten Busch·kam. Von dort sah ich durch das Glashaus in einen Flur bis zur Haustür des schmucken Bungalows, und von dort kam auch relativ bald Aufschluss darüber, warum den Hausbesitzer die Überschwemmung seines Ziergartens nicht sonderlich interessierte: Wie in einem Stummfilm öffnete nämlich eine schlampige, groß gewachsene Blondine die Haustür, zog sich im Flur zwar nicht die Schuhe, dafür aber Bluse und Rock aus und stürzte sich im Negligé auf den schaukelnden Hausherrn im Wintergarten.

Als nasser Spanner in Unterhosen hinter einem Lorbeer-
busch – wieder einmal ein schöner Tiefpunkt meiner Karriere.

Während sich die Körper des Paares ineinander verkeilten,
hörte der Regen schlagartig auf, und die Sintflut ging rapide
zurück. Ich zerrte meine Arche aus der verschlammten Wiese
und zog mich schleunigst Richtung Mühlbach zurück. Bei
meinem Abgang stolperte ich zuerst über eine veritable Die-
selpumpe und dann an der Bachböschung über das größte
Ansaugrohr, das ich bis jetzt entdeckt hatte.

Zweiundvierzig

«Haben Sie schon wieder etwas abbekommen?», fragte
Tanzschul mitfühlend wie ein Hydrant und lachte wie ein
Komiker im Altersheim, wie eine Flocke milder Seife in
einem Universum voller Schmutz.

Sein Büro in der Handelskammer war nur ein wenig kleiner
als ein mittlerer Veranstaltungssaal auf dem Lande. Für die
Vertäfelung der Wände und der Decke hatten ein paar Quadratkilometer Regenwald dran glauben müssen.

Aus zwei mannshohen, ebenfalls mahagonigetäfelten Laut-
sprechern – der Luxus eines Chefbüros – plätscherte die
Haffner-Serenade. Rosige Putti, Brüderchen und Schwester-
chen, die sich glucksend mit feinem Staubzucker bestäuben.
Dann der scharfe Schritt des Erzbischofs. Die Macht. Ja, Mo-
zart hatte die Macht leibhaftig gesehen, gespürt.

«Ich nicht, bis auf die Tatsache, dass mir der Himmel auf
den Kopf gefallen ist – aber meine Kamera.» Damit legte ich
ihm das gute Stück, noch feucht und schlammverklebt, auf
das edle Furnier seines Biedermeierschreibtisches.

«Sie können ja versuchen, den Film entwickeln zu lassen – es müssten zwei Schlauchleitungen darauf sein. Außerdem ist der Vorschuss aufgebraucht, und ich bräuchte auch Ersatz für diese teure Spezialunterwasserkamera.»

Der Vorsitzende des Landesfischereirates hatte mir keinen Platz angeboten und schon gar kein Getränk, nicht einmal Wasser, das doch eigentlich sein Element sein müsste. Man sollte seine Mitarbeiter nicht zu sehr verwöhnen.

Es wärmte mir daher ein wenig das Herz, dass er über den Tort, den ich seiner feinen Schreibtischpolitur angetan hatte, entsetzt zu sein schien.

«Wie kalkulieren Sie bloß Ihre Preise? Nach dem Mond oder nach einem astrologischen System?»

«Nach Nostradamus.»

«Ich muss erst mit dem Vorstand des Landesfischereirates Rücksprache halten, ob wir uns Ihre Tarife weiter leisten können. Und jetzt müssen Sie mich auch schon wieder entschuldigen, der angolanische Wirtschaftsminister besucht uns heute.» Die Musik hatte zur Moldau gewechselt, diesem Wunder an einfacher Kompliziertheit, die Audienz war beendet.

In Tanzschuls Vorzimmer, immerhin noch so groß wie eine Dorfkirche mitsamt Kreuzweg, hatte inzwischen eine zweite Sekretärin, die wohl bei meinem Kommen in der Pause gewesen war, ihren Platz eingenommen und tippte mit Kopfhörern ein Band ab. Es war die schlampige Blondine aus der Hollywoodschaukel. Im Vorbeigehen las ich das Namensschild auf ihrem Schreibtisch ab. Schlangenaugen werden niemals müde.

Dreiundvierzig

«Sie suchen also nach einer Fürsorgerin, die in der Russenzeit Kupplerdienste zu einer Minderjährigen geleistet hat, um selber verschont zu werden? Aijaijai!», sagte das Gewissen der Stadt und biss genussvoll von seiner Leberkäsesemmel ab. «Vielleicht ist die Frau ja schon *as dead as a doornail*; wenn Sie Dickens ein wenig kennen?»

«Vielleicht», antwortete ich vage wie ein Unterstaatssekretär.

«Das ist ja fast so gut wie die Geschichte von unserem Magistratsdirektor Dr. Schinnerl, der unter dem böhmischen Gefreiten amtlicherseits die Arisierungen abgewickelt hat und nach dem Krieg als wahrer Experte die Rückstellungen!»

Harland hatte ein Gewissen. Es residierte jeden Nachmittag im Café Unterberger in der Kreuzgasse und war ein pensionierter Mittelschulprofessor, dem man schon Anfang der sechziger Jahre wegen vermuteter Verwandtschaft – in Wirklichkeit bestand nur eine Namengleichheit – mit einem kommunistischen Stadtrat nicht zur Unikarriere zugelassen hatte. Seitdem saß das Gewissen im Kaffeehaus und redete und hörte dem versnobten und heruntergekommenen Bürgertum der Stadt zu, das sich von ihm kleinere Beträge und seine Familiengeschichten im Bridgespiel abnehmen ließ. Gelegentlich publizierte er bitter-ironische Sottisen gegen diese Harlander Bohnenkönige und ihre Vorfahren – Pferdehändler, Defraudanten und braune Goldfasane – und nannte das Heimatkunde. Ich hatte mich bei ihm erfolgreich auf Tanzschul berufen.

«Was hätten Sie denn so für den Mädchennamen und vielleicht auch die Anschrift dieser illustren Madame Gollwitzer zu bieten, da ich Ihnen Bridge einfach nicht recht zutraue?», fragte das Gewissen.

«Einen Grabstein», antwortete ich.

«Wie bitte?»

«Eine unbekannte Inschrift auf einem Grabstein.»

«Die da lautet?», fragte das Gewissen.

«Zuerst der Pudding, dann das Essen.»

«Sie sind ein komischer Mensch.»

«Ich philosophiere nicht am Nachmittag», meinte ich.

«Trinken Sie wenigstens Rotwein?», erkundigte sich das Gewissen und verschlang das letzte Fuzel seiner Leberkäsesemmel.

«Haben die hier wenigstens einen anständigen Zweigelt?»

«Extraklasse, mit weichen Gerbstoffen und kräftigen Zimt- und Kirschtönen.»

Im Laufe des Besäufnisses erfuhr ich zwar beispielsweise, wie die Harlander Hoteliersgattin Pittner ihren geliebten Führer im März 1938 bewirtet, sich dann aber tief gekränkt hatte, als der auch bei ihrer berühmten Karfiolsuppe nicht auf die Dienste seines SS-Vorkosters verzichten wollte, aber nichts über die Kupplerin.

Fünfundvierzig

Die in schwarzes Kunstleder gebundenen Ausgaben der größten Harlander Lokalwochenzeitung der letzten sechs Jahre ergaben gestapelt einen Zellstoffstoß von rund zweieinhalb Meter Höhe. Mit Hilfe von drei Schnitzelsemmeln, zwei Marillengolatschen, einer Thermosflasche Milchkaffee und zwei Stifterln Eiswein habe ich sie alle Blatt für Blatt durchgesehen, wobei ich allerdings jeweils den Politik-, Sport- und Kulturteil überschlug. Am Ende dieses Tages im Leseraum des Stadtarchives wusste ich, dass der Landesrat

Jardinger geradezu infernalisch lächeln konnte, was er in diesem Zeitraum bei 71 Eisernen und Diamantenen Hochzeiten sowie achtzigsten, neunzigsten und hundertsten Geburtstagen zur Genüge bewiesen hatte. Die steinalten Leutchen, denen seitens Jardingers die offizielle Gratulation und Ehrengabe des Landes zuteil wurden, blickten jeweils relativ verdattert oder resigniert in die Kamera von Franz Schmidt junior, den die Copyrightangaben des Lokalblättchens in siebzig Fällen als Fotografen auswiesen, und erfüllten damit hinreichend ihren Part bei einem politischen Brauchtum, das in unserem Land absolut üblich ist wie anderswo vielleicht die Blutrache oder Cheerleaders bei einem Parteitag.

Auf der Polizeischule haben sie mir zwar Taekwondo, Bockspringen, Hindernislauf, den Felbeaufschwung und ähnlichen sportlichen Firlefanz zur Kujonierung des Kadettenkörpers beigebracht, aber derartig konzentrierte Übungen für das Sitzfleisch waren nicht im Lehrplan vorgesehen.

53 Geburtstagskinder oder Paare waren – wie entsprechende Traueranzeigen auswiesen – Tage oder Wochen oder Jahre nach Jardingers Besuch verstorben, und bei 39 davon war am Tag des Begräbnisses eingebrochen worden, was der abgedruckte wöchentliche Polizeibericht dokumentierte. Ich kopierte alle Artikel, Inserate und Berichte jeweils dreimal. Besonders sorgfältig und mit grimmigem Ernst jedoch die Perle meiner Sammlung, den Bericht der *Niederösterreichischen Nachrichten* – Harlander Zeitung über den 90. Geburtstag von Bernhard Lamparter vom 20. April 2000. Neben Jardinger hatten, wie dem Bildtext zu entnehmen war, auch der Ortsobmann des Kameradschaftsbundes und der Sekretär der Landwirtschaftskammer gratuliert, und in der rechten Ecke war ein unscheinbarer Kleiderkasten mit hohen Beinen zu sehen, unter dem eine offenbar dahinter gegen die Wand gelehnte, gerahmte Zeichnung hervorlugte. Lampar-

ter wusste eben, was er den Honoratioren schuldig war. Auf jeden Fall im Wohnzimmer keine Pornographie herumhängen zu lassen. Mit Hilfe einer Lupe, die mir der Archivpedell trotz Schmattes so dienstbeflissen wie eine moribunde Schildkröte brachte, entdeckte ich den Buchstaben S und die Zahl 10.

Fast exakt zwei Monate später war Lamparter einer Lungenentzündung erlegen, und seine Wohnung wurde ausgeräumt wie die Bauchhöhle eines Spanferkels.

Fünfundvierzig

Erfolg ist nicht nur etwas rundum Positives wie frische Wäsche oder selbst gemachte Schokolade, sondern hat auch seine zweifelhaften Seiten wie ein Orgasmus im Kloster etwa: Jedwede Erinnerung an meine schwarzen Stunden der letzten Monate, an die Depressionen eines Winters, die sich bis in den Juli gezogen hatten, war mit der Anfertigung der Kopien gelöscht, und in meiner Euphorie hätte ich auf der Heimfahrt im abendlichen Stoßverkehr in der Josefstraße fast einen allzu kecken Fußgänger niedergemäht. Nachdem ich seine Flüche überhört hatte, reduzierte ich meine Geschwindigkeit und begann über die Frage meiner künftigen Sicherheit nachzudenken. Man kann durch eine Vielzahl ebenso lächerlicher wie schmerzvoller Ursachen ums Leben kommen. Durch eine Analfistel, durch einen grundlos eifersüchtigen Ehemann, durch eine Pistenraupe und verdorbene Heringfilets, durch Viagra, durch ein Gewitter oder durch einen noch nicht abbezahlten Hyundai (vielleicht auch durch eine Mittelohrentzündung wegen meines kaputten Seitenfensters?), und sicher ist nur, dass man vor nichts und niemandem sicher ist, auch wenn man alle Impfungen und einen Waffenpass hat. Harland lag auf vierhundert Meter Seehöhe unter einem ehemaligen Azorenhoch. Zweimal war die Stadt im Lauf ihrer Geschichte abgebrannt, dreimal hatte sie Minderheiten in ihren Mauern massakriert, in grauer Vorzeit die Dienstleute ihres Grundherrn, dann die Evangelischen, zuletzt die Juden, und viermal war sie erobert worden, zuletzt von der 3. Ukrainischen Front des Marschalls Tolbuchin.

In meinem Wohnbüro angekommen, packte ich die Kopien in zwei Kuverts und adressierte sie an einen Journalisten, den ich vom Sehen kannte, und an Franz Schmidt junior höchstpersönlich. Auf das erste Blatt der letzteren Sendung, bei der ich wohlweislich den Absender vergaß, schrieb ich: «Treffen Sie mich um 12 Uhr im Restaurant des Forum-Kaufhauses und bestellen Sie sich einen Stefaniebraten.» Dieses Gericht wurde dort nämlich geradezu schauderhaft zubereitet.

Den letzten Satz an Kopien behielt ich für mich.

Ich überlegte ganz kurz, mir eine Schrotflinte, für die mir allerdings die Barmittel fehlten, anzuschaffen und ging früh zu Campingbett.

Sechsundvierzig

Kiesl hockte, wie man sich erzählte, schon seit Jahrzehnten im dritten Vorzimmer des Wiener Polizeipräsidenten herum, und was er dort zu tun hatte, wusste er vielleicht selbst nicht mehr, garantiert aber auch niemand anderer. Er trank andauernd Filterkaffee aus dickwandigen Gläsern und rauchte dazu nikotinarme Zigaretten. Gerüchten zufolge war er vor Jahren einmal in den Fernsehnachrichten im Hintergrund gesehen worden, als über die Aufdeckung eines Kokainskandales in den Reihen der Grazer Polizei berichtet wurde. Angeblich in Zivil und mit einer Thermosflasche Kaffee in der linken und einer Skorpion-Maschinenpistole in der rechten Hand war er über den Bildschirm gehuscht, auch wenn das niemand recht glauben mochte. Auf jeden Fall hatte mich dieser Kiesl am Tag meiner Entlassung aus dem Sicherheitsbüro durch die zweite Sekretärin zu sich rufen lassen. Er war groß wie ein Tieflandlama, rundlich und gleich zur Sache – nur zu welcher? – gekommen.

«Ich bin der älteste Oberleutnant dieser Republik. Und wissen Sie, wieso?», hatte er mich damals gefragt.

«Nein. Haben Sie dem Minister den Parkplatz weggenommen?», hatte ich damals relativ sauer repliziert.

«Ich bin zum Beispiel einmal vor Gericht zitiert worden, weil ich eine Autotür aufgerissen und dem Fahrer eine Faustwatsche verpasst habe, an die er hoffentlich heute noch denkt. Und wissen Sie, wieso?»

«Nein.»

«Der Mann hatte volltrunken einem Schulmädchen beide Beine abgefahren und war nach einer klassischen Fahrerflucht nur dadurch zu stoppen, dass ich seinen Wagen seitlich gerammt habe. Ich bin eben gewalttätig, ja.»

Daraufhin hatte er mir seltsamerweise seine Visitenkarte in die Hand gedrückt und mich aus seinem Büro gewunken.

Dieser Kiesl war jetzt meine letzte Hoffnung.

Die Bahnstrecke nach Wien beschrieb bei Neulengbach völlig unmotiviert einen kilometerweiten Bogen von der Ost-West-Transversale nach Süden und durchbohrte zwei Berge, weil weiland Kaiser Ferdinand der Gütige, auch als Gütinand der Fertige bekannt, allemal ein geradezu kindliches Vergnügen am Tunnelfahren gezeigt und sich auch für die damalige Pferdeeisenbahn im flachen Alpenvorland zwischen Salzburg und Wien solche Wunderbauwerke gewünscht hatte. Seitdem war, sieht man einmal von der Elektrifizierung ab, nichts mehr in die Bahn investiert worden, und die Züge ratterten – in der Westbahn ist noch keiner eingeschlafen – mit tausendmal mehr Pferdestärken auf einem nur mehr durch das Gras zusammengehaltenen Unterbau über eine Strecke, die zudem zu 150 Prozent überlastet war.

Ich ergatterte nicht einmal mehr einen Klappsitz am Gang.

In meiner Sakkotasche fand sich zu meinem Leidwesen kein einziger Kaugummi, keine Zuckerl, keine Kekse, kein Geduldsspiel, kein ungeöffneter Brief, keine Zeitschrift, natürlich auch kein Kaffee, nur ein kleiner Buchstadtplan Harlands von einer Werbefirma, der für mich als Eingeborenen nur von mäßigem Interesse war. Immerhin erfuhr ich daraus, dass Harland 108 Quadratkilometer groß sei, 14 082 Gebäude besitze und 173 Brücken. Blätternd erfuhr ich auch, dass die einzige Zufahrt zur so genannten Werkstättensiedlung am Mühlbach direkt unter der Fußgängerbrücke aus verwittertem Magerbeton, von der aus Franz Schmidt seine einsamspleenigen Verkehrszählungen durchgeführt hatte, in die vierspurige Bundesstraße führte. Ich brauche mindestens eine halbe Stunde, bis mein Denkapparat anläuft: So dämmerte es mir erst nach dreißig Minuten, dass Tanzschuls Sekretärin sich in einer Hollywoodschaukel in der Werkstättensiedlung vergnügt und sich beim Betreten des Hauses nicht die Schuhe ausgezogen hatte, was mit einiger Wahrscheinlichkeit darauf hindeutete, dass es nicht ihr Zuhause war. Etwas weniger umständlich ausgedrückt: Die Dame hatte ein schlampiges Verhältnis.

Siebenundvierzig

Kiesls wuchtiger, ärarischer Schreibtisch wurde noch immer von der schwarzen Filterkaffeemaschine beherrscht, und er hatte sich, aus welchen Gründen auch immer, mein Gesicht gemerkt.

«Ah, der verlorene Sohn!», begrüßte er mich nicht einmal unfreundlich, nachdem mich die dritte Sekretärin des Präsidenten fast nicht zu ihm vorgelassen hätte. Das goldene Herz der Wiener ist in Wirklichkeit aus Gusseisen, und hier braucht man auch Ellbogen aus Keramik und eine Stimme wie eine Luftschutzsirene.

Dann läutete das Telefon, und Oberleutnant Kiesl hörte eine Viertelstunde nur zu und machte sich Notizen. Statt Besucherstühlen hatte er allerdings nur einige große, knallbunte Gummibälle, jeweils einen unter einem Vorbeugeplakat der Österreichischen Orthopädischen Gesellschaft. Ich zog es vor, das Gespräch in vergleichsweise stabiler, vertikaler Lage abzuwarten.

Wien hat mich noch nie mehr gestört als eine bekleckerte Krawatte. Ich bin hier so glücklich oder unglücklich gewesen wie eine Ratte im Versuchskäfig. Wien war für mich nie die Kaiserstadt, nie die Stadt der Musik, wo doch nur die slowakischen Beutesoprane der Staatsoper singen konnten, nie die Stadt der Kultur, wo die Peepshows selbstverständlich weit mehr Zulauf als die Theater hatten, sondern immer nur die Stadt der Untermietzimmer, der Stadtrand-Beisel mit feuchten Resopaltischen und kaputten Dartautomaten und der Schlägereien in den Straßenbahnen. Wien, das ist eine mongoloide Putzfrau, die von ihrem Göttergatten bei jeder Mahlzeit an ein Stuhlbein gekettet wurde und aus einer Schüssel am Boden fressen musste. Manchmal urinierte er auch in ihren Napf. Mittlerweile habe ich vom unregelmäßigen Fast food Pickel, berufsmäßig keine Manieren und falle daher bei meinen gelegentlichen Besuchen in der Reichshaupt- und Residenzstadt unter den Eingeborenen nicht mehr auf.

«Sie sind den weiten Weg von Harland doch sicherlich nicht hergekommen, um sich die Füße in den Bauch zu stehen und um auf meine Kaffeemaschine zu starren.» Ich war verblüfft. Kiesl wusste, dass ich letztlich in Harland gelandet war. Was wusste er noch?

«Ehrlich gesagt, bin ich gekommen, um Sie um die Köpfe von zwei Harlander Polizisten zu bitten.»

«Was wollen Sie dafür entschleiern, mein Sohn?»

«Wie ist Ihr Zeitlimit?»

«Jetzt, da ich mich einmal entschlossen habe, mit Ihnen zu plauschen, nur mehr durch die Mittagspause oder meinen Tod begrenzt.»

«So wie die Dinge stehen, könnte ich, ehrlich gesagt, auch etwas diskrete Rückendeckung gebrauchen.»

«Wie stehen denn die Dinge in Harland?»

Ich erzählte ihm alles.

Achtundvierzig

Von Wittelsbach übertrieb vielleicht ein wenig.

Er hielt die sich heftig wehrende Else Blumenschein vor ihrer Haustüre von hinten umschlungen und tatschte unter ihrem Schultergürtel hindurch eifrig auf ihre Brüste. Dazu röhrte er ihr sämtliche four-letter words, die er kannte, in den Nacken – und das waren eine ganze Menge. Für vier Flaschen übertrieb von Wittelsbach doch ein bisschen. Mit vier Flaschen Hennessy war er eindeutig überbezahlt und übermotiviert.

Der Piaristenplatz war zwar gegen Büroschluss nicht gerade unbelebt, aber es ist das unumstößliche Credo der meisten Harlander Passanten, sich nur nicht einzumischen, selbst wenn ein paar Leutchen einen Kopfstand auf dem Gehsteig machen sollten, Harakiri oder ein Lagerfeuer.

Ich beeilte mich, mit ein paar Schritten vor das seltsame Paar zu kommen, und brüllte von Wittelsbach einmal kräftig an, worauf der von seinem Opfer abließ und wie ein Stück Holz zu Boden sank – auf den vereinbarten Schlag wollte er wohl doch lieber nicht warten.

Natürlich hatte ich ein Taschentuch für Tanzschuls Sekretärin vorbereitet, deren Feierabend in der Handelskammer von Wittelsbach und ich einfach vor ihrer Telefonbuchadresse abgewartet hatten, um unsere kleine Schmierenkomödie zu inszenieren – und es wurde auch angenommen. Von Wittelsbach hatte ich nach meiner Rückkunft aus Wien am Bahnhof getroffen, und wenn ich eine meiner sagenhaften Ideen habe, fackle ich nicht lange. Er hatte sich so willig engagieren lassen wie ein Eierbecher.

«Danke», schluchzte die bedauernswerte Adressatin seiner Zärtlichkeiten.

«Sankt Georg, der edle Ritter, stets zu Ihren Diensten, Gnädigste!» Natürlich war auch dieses dämliche Sprüchlein vorbereitet, so schlagfertig bin ich normal nicht einmal im Winter.

Während Frau Blumenschein das Taschentuch zierlich und dezent benutzte, hatte sich von Wittelsbach, schräg wie eine Krabbe kriechend, davongemacht, und ich roch weiße, parfümierte Hände. Dalia von Leconte. Teuer. Teurer als Schweiß. Die Hand musste sich gut anfühlen, wohlriechend wie ein Frühlingstag, federweich wie ein Bett, das man nicht selbst machen musste.

«Darf ich Sie vielleicht auf einen Kaffee einladen?» Viel

mehr ist mir bei meinen Annäherungsversuchen noch nie eingefallen. Ohne die Türken hätte ich überhaupt kein Sexualleben.

«Wenn Sie den Sauhund richtig getroffen hätten!»

Oha. War die burgtheaterreife, aber leider etwas unrealistische Vorstellung von Wittelsbachs schon durchschaut worden?

«Wenn der Ferdinand Sie schickt, dann richten Sie ihm bitte dieses aus», ein hübscher, hochgereckter Mittelfinger mit Dalia von Leconte. «Er wird mir bis zur Scheidung keine Eheverfehlung nachweisen können! Und er wird bluten wie ein angestochener Arsch!!»

«Nicht Ferdinand schickt mich, sondern Franz Schmidt.» Keine Reaktion im Gesicht von Else Blumenschein, die ungerührt ihre Wohnungstür aufsperrte und dahinter zu verschwinden drohte.

«Ein alter Mann …»

Die Tür fiel ins Schloss. Ich hatte gerade noch einen Blick auf eine nordisch helle Küche und ein Stilwohnzimmer wie aus einem Fontane-Roman erhascht, alles so sauber wie frische Milch.

Da hatte sie Franz Schmidt umgebracht und kannte nicht einmal seinen Namen.

Neunundvierzig

Es gehört nicht viel dazu, einen alten, einsamen Alkoholiker in ein Auto zu locken, ihn in einen Wald zu fahren, dort dem misstrauisch Gewordenen die eigene Waffe zu entwinden und ihn dann in irgendeinem Graben wie ein Stück Dreck verschwinden zu lassen, schon gar nicht für eine Frau von Else Blumenscheins Gardemaßen.

Auf der Heimfahrt vom Piaristenplatz versuchte ich, Kiesl von meiner neuesten Theorie zu unterrichten, das Handy tickerte wie eine Briefbombe, aber der alte Oberleutnant war nicht mehr im Büro. In Harland ist es nicht nur normal, abgehört zu werden – jeder bessere HTL-Schüler hat schon einen Scanner –, sondern es gehört geradezu zum guten Ton. Wer nicht abgehört wird, ist nicht wichtig. Ich fühlte mich zwar geehrt, tippte aber auf Feuerstein und Geröllheimer, denen meine Standortkoordinaten via Handy bekannt zu geben ich für ausgesprochen ungesund hielt. Ich stoppte bei einer Trafik in der Josefstraße und besorgte mir einen ausgepolsterten Luftpostumschlag und Marken. Darin warf ich das eingeschaltete Handy adressiert an mich selbst in den nächsten Briefkasten, der laut Anschlag in einer halben Stunde entleert werden sollte.

Vor die Telefonzelle ein paar Schritte weiter hatte ein Tier oder ein Mensch seine Notdurft verrichtet, aber im Inneren war sie geradezu tadellos in Schuss, sieht man einmal vom knöchelhohen Kleinmüll am Boden ab. Sogar ein fast vollständiges Telefonbuch war vorhanden.

«Blumenschein. Hallo?»

«Ich habe ein Band, auf dem Ihre Vergnügungsfahrten in die Werkstättensiedlung verzeichnet sind. Treffen Sie mich morgen Mittag im Forum. Bestellen Sie ein Himbeerparfait. Es soll Sie an Franz Schmidts Blut erinnern.»

Else Blumenschein atmete wie ein großes, kräftiges Tier.

Ich legte auf.

Das Finale gehörte mir, und ich würde es mir nicht durch 007 oder Schmidt junior oder sonst wen verpatzen lassen. Ich lenkte den Wagen daher in eine Randgemeinde und schlief in einem bürgerlichen Gasthof zum ersten Mal seit Monaten wieder in einem richtigen Bett. Zuvor hatte ein Whirlpool am Zimmer mein Glück perfekt gemacht.

Fünfzig

Ohne das Restaurant im zweiten Stock des Forums aus den Augen zu lassen, wühlte ich in einer Ramschkiste mit herabgesetzten Slips und Büstenhaltern. Bis mich die Verkäuferin seltsam anzustarren begann.

Das Forum war ein Kaufhausbunker aus den Fünfzigern, ein Monument der Zementindustrie mit dem Grundriss der Pyramiden von Gizeh und der einfallsreichen Architektur eines Punschkrapfens aus Beton. Von seinen vier Fronten bröckelten schon seit der Mondlandung die stahlgrünen Klinkerplatten ab, und die Tiefgarage war wegen eines Wasserschadens nicht benützbar. Ich hatte die Auffahrtrampe auf das Flachdach genommen und dort geparkt. Die Luft spiegelte vor lauter Hitze die fast leere Parkwüste wider, wo der Zement aus allen Fugen sinterte. Die Batterie von Kiesls Funkmikrophon hatte ich mit Klebeband an meinem linken Knöchel befestigt, und ein dünnes Kabel führte unter meine Kleidung bis etwa in Höhe des Bauchnabels. Unter dem Hemd lauerte die Membrane.

Fünf vor zwölf. Ich wechselte in die Sportabteilung und schwang probeweise ein paar Tennisschläger. Weder von Franz Schmidt junior noch von Else Blumenschein war im nach allen Seiten offenen Selbstbedienungsrestaurant in der Mitte des Geschosses, das nur durch einige Blattpflanzen von den Verkaufsabteilungen abgetrennt war, irgendetwas zu sehen.

«Dürften wir Sie bitten, uns unauffällig in die Räume der Geschäftsleitung zu folgen?» Zuerst dachte ich an eine Verwechslung, dann an einen schlechten Scherz – kein Mensch sagt so etwas in der Form, außer in einer deutschen Fernsehserie –, aber die beiden resoluten Herren fassten mich relativ behutsam an den Ellbogen und zogen mich in Richtung eines Personalausganges. Auch dahinter, in einem kleineren Lagerraum mit Paletten, Kisten, alten Kleiderpuppen und grünem Dämmer, ließen sie mich nicht los. Dafür ging ihre Höflichkeit rapide zurück.

«Ihre Personalien!», blaffte der Ältere, der wie ein Lagerarbeiter im Anzug eines Vizegeschäftsführers aussah.

«Moment einmal! Sind wir hier in Nowosibirsk, oder was?»

«Wenn es Ihnen lieber ist, können wir auch gleich die Polizei holen», meinte der Jüngere, der einen schnittigen Anzug trug und irgendwie freiberuflich aussah.

«Ich bitte darum!», antwortete ich.

«Na, das haben wir schon gern!», meinte der Ältere und bugsierte mich gemeinsam mit dem Gigolo aus dem Lager in einen schmalen Gang, der etwas heller war und leer wie eine gesperrte Wasserleitung. Am Endes des Korridors wurde ich in ein Zimmer geschubst wie ein Sack Zwiebel aus dem Sonderangebot. Ich hörte einen Pickel des Jüngeren platzen, als er mir eine Leibesvisitation ankündigte.

«Jetzt reicht es mir aber, ihr Komiker!»

«Was glauben Sie, wie es uns reicht, dass uns die Leute sogar Gurkengläser, Krampfaderbinden und Bratkartoffeln in Zehnkilosäcken zu klauen versuchen!»

«Keine Mätzchen, oder es setzt was!»

Ich hatte eigentlich nur mehr die Möglichkeit, in einen Lachkrampf auszubrechen oder mir gegen die beiden eine blutige Nase zu holen oder sie darauf aufmerksam zu machen, dass ich meine Wäsche nur an besonders hohen Feiertagen zu wechseln pflege.

Sherlock Holmes wäre jedenfalls nie in eine solche Situation geraten.

Einundfünfzig

Der Gutschein über einen Jahresbedarf an medizinischer Zahnseide und die wortreichen Entschuldigungen der beiden Komiker nützten mir relativ wenig, denn es war bereits drei viertel eins. Wenn Schmidt junior und die Dame Blumenschein auch tatsächlich ihren Erpresser im Forum Restaurant aufgesucht hatten, waren sie nun schon längst wieder weg.

Aus Frust aß ich ein aufgewärmtes Gulasch und zwei Nachspeisen und trank dazu eine, für einen arbeitslosen Berufsdetektiv, eigentlich viel zu teure Flasche Kalterer See mit einem so hinreißenden Bouquet, dass die Toten gar nicht mehr anders konnten, als Gerechtigkeit zu verlangen und damit meine kleinen grauen Zellen wieder zu beschäftigen. Sie ließen mich die Bouteille noch ganz austrinken, sogen die Blume des Weines entsagungsvoll bis zur Neige ein – und dann wurde ich plötzlich an eine Hämorrhoiden-Werbung erinnert und daran, dass die Lerchenfelder Straße nur ein paar Gassen vom Forum entfernt lag.

Eine Viertelstunde später klopfte ich bereits dezent an der repräsentativen Tür einer teuren Innenstadtwohnung in der Lerchenfelder Straße 17. Ein würdiger Greis im Hausanzug, pensionierter Inhaber einer Drogerie und Träger der Verdienstmedaille der Bundeswirtschaftskammer, öffnete. Er hatte eisweißes Haar und das von tausend Falten zerteilte Gesicht eines alten, bösen Kindes.

«So sieht man sich wieder, Herr Kommerzialrat.»

«Leider. Sie wünschen?»

«Ich habe Ihnen die Nachricht zu überbringen, dass Sie tot sind, dass Lorenz Gollwitzer bereits 1939 verstorben ist.»

Kein Zusammenzucken, keine Nerven, schon gar kein Zusammenbruch. Caesars Nase, als er den Vercingetorix über die Klinge springen ließ, stach kühn in die Luft (seines Ruhmes). Das Böse ist schön und stark.

«Lorenz Gollwitzer liegt nicht in einem Grab in den Lüften, sondern in einem Erdgrab, das ich gefunden habe. Er ist 1939 hier im Ghetto gestorben und konnte von den todgeweihten Seinen nur mehr notdürftig begraben werden, was von der damaligen Herrenrasse niemand mehr so recht zur Kenntnis genommen haben dürfte. Wenig später haben die Nazivandalen dann die Grabdenkmäler umgestürzt und die Bewohner des Ghettos ins Gas deportiert. Gollwitzer war 15, als er starb, und 21, als er in Ihrer Person wieder von den Toten auferstand – da kann man sich schon etwas verändern. Sie haben sein Leben gestohlen!»

Da hatte sich ein Lebender in einen Toten verwandelt, dachte ich, und es in dieser Larve eines aus dem Schattenreich zu einem ansehnlichen Leben gebracht.

«Selten so gelacht.» Der würdige Greis bat den Abgesandten der Toten noch immer nicht in seine Wohnung (und würde es wohl auch ferner nicht tun).

So wurde die Gerechtigkeit über der Türschwelle verhandelt, gemäß dem alten Satz, dass die Gerechtigkeit hier auf Erden keine Wohnung hat.

«Im Krieg ist Ihr Name dreckig geworden, so dreckig, dass man Sie vermutlich gerne als Kriegsverbrecher gehängt hätte.»

«Kein Kommentar.»

Diesen Kommentar werde ich schon noch abgeben, dachte ich.

«Als sie aus dem Krieg zurückgekommen sind, von weiß Gott woher, haben Sie mit dem Tod des Lorenz Israel Gollwitzer und seiner Eltern im Gas fest gerechnet und sich einfach als er ausgegeben. Entkommen aus irgendeinem Todeslager oder zurückgekehrt aus der Emigration, was weiß ich.

Sie haben sogar das arisierte Geschäft der Gollwitzers rückgestellt bekommen.»

Das alte, böse Kind schwieg wie ein Hund, der beißen will, aber nicht beißen kann.

«Sie werden mich beauftragen, etwaige Verwandte der Gollwitzers zu eruieren, um ihnen das Geschäft zu übergeben. Weiters werden Sie mich beauftragen, Ihren schmutzigen Heldentaten im Krieg nachzuforschen und Sie vor ein Gericht zu bringen. Leute wie Sie gehören ganz einfach vor ein ordentliches Gericht. Ich bin gekommen, um mir einen Vorschuss und Ihr Wehrdienstbuch abzuholen!»

«Ich bewundere Ihre blühende Phantasie; aber Sie gehören in eine geschlossene Anstalt!», meinte Kommerzialrat Gollwitzer und schlug die Tür vor meiner Nase zu.

Draußen auf dem Friedhof kicherten die Toten wieder, und die Erde über ihnen bewegte sich unmerklich.

Zweiundfünfzig

Wie warmes, geronnenes Joghurt schlug mir die Luft aus dem Fonds des Granada entgegen, aber immerhin hatte mir auf dem Dach des Forums niemand aufgelauert. Auf den Plastikledersitzen festklebend, schlich ich mich mit dem Wagen durch die Promenade auf die Lerchenfelder Straße und zuckelte von dort durch die halbe Stadt in die Birkengasse. Denn nur auf den Straßen des Triumphes, von Marathon nach Athen, hat man es eilig.

Zum Glück sind Niederlagen in der Weltgeschichte, also in der Literatur, und im Leben doch etwas verschieden. Maria Stuart wird hingerichtet, Karthago zerstört. Im wirklichen Leben verliert man vielleicht gerade einmal den Führerschein, die Freundin, aber selten den Kopf, wird zum Teufel gewünscht, geschnitten und muss die Hoffnung auf mehr oder überhaupt Einkommen fahren lassen.

Gollwitzer hatte aus purer Langeweile ein Spiel mit mir begonnen, und ich hatte es halt nach soundsoviel Runden verloren. Was bewies schon eine Inschrift, die jeder Irre post festum eingemeißelt haben konnte?

Nach solch einem Niederschlag kann man natürlich mit gutem Grund die Kühlerhaube eines Benz auf der Stadtautobahn zu küssen oder ein Fass Inländer-Rum mit einem Strohhalm auszutrinken versuchen oder in einem Versandhaus auf Pump bestellen oder beschließen, Politiker zu werden. Es gibt eben verschiedene Arten, mit eklatanten Misserfolgen fertig zu werden. Meine Methode jedenfalls ist es, mich ins Bett zu legen. Das tat ich dann auch am hellichten Tag in der Birkengasse und träumte bald vom Trauerredner beim Begräbnis einer meiner südmährischen Tanten, einem pensionierten Schauspieler mit violett gefärbten Haaren, für den ich ebenso bezahlt hatte wie für das geschmacklose Bouquet aus schwarzen und orangen Lilien und das von Heizöl leicht genährte Feuer. Der stellte sich vor der Urne in Burgtheaterpositur und monologisierte frei nach Epikur über die Freude. Über die Freude am Leben in wohl gestelzten Worten, die sich nicht zu Sätzen fügten, eine Kehlkopf-Geräuschkulisse, inhaltlose Kunst, John Cage. Ich hätte doch einen Pfarrer nehmen sollen, dachte ich im Traum, auch wenn sie mit denen über Kreuz war.

Dreiundfünfzig

«Na, endlich; mein Sohn! Sie sind ja schwerer zu erreichen als der Papst», meinte Oberleutnant Kiesl am Telefon.

Der Schiele hatte vier Tage zu mir zurück gebraucht, das Handy nur einen. Das sprach doch für einige Produktivitätsreserven bei der Post.

«Ich hatte mein Gerät an einen Briefkasten verborgt.»

«Außerdem lachen Sie im Nachmittagsschlaf wie ein Irrer, Sie haben vergessen, die Wanze abzuschalten.»

«Mein Campingbett ist halt ein Witz.»

«Die beiden Kollegen und den Fotografen habe ich übrigens schon mal verhaften lassen. Die von Ihnen gelieferten Beweise reichen dem Untersuchungsrichter vorerst einmal, zumindestens für ein paar Jährchen mit einem Fasttag täglich. Beim Knipser hat es allerdings einen kleinen Zwischenfall gegeben, nichts Ernstes, wir mussten ihm zuerst einen Reifen und dann ein Knie zerschießen.»

«Dann wollen Sie die Wanze also schön geputzt zurück?»

«Genau, Orden gibt es leider keinen, der Präsident ist gerade gezwungen, das Repräsentationsbudget zu kürzen, blutenden Herzens natürlich, eine österreichische Tragödie.»

«Zu den Vernehmungen können Sie mich leider auch nicht hinzuziehen, ich kann ja dann alles in der Zeitung lesen, nicht wahr?!»

«Positiv.»

«Also, dann …»

«Lassen Sie es sich gut gehen.»

Ich ließ es mir gut gehen: Mit zusammengebissenen Zähnen riss ich das Klebeband (und wie befürchtet einige Härchen) von meinem Knöchel, fädelte die Leitung aus meiner Unterwäsche und legte die Batterie zusammen mit dem Funkmikrofon auf dem Schreibtisch ab. Dann holte ich den letzten Rest ranzigen Speiseöls aus meiner Kochecke neben dem Bett und leerte ihn unter rituellen Verwünschungen Kiesls über dem Gerät aus.

Vierundfünfzig

«Ich bin ja dabei, für Sie etwas zu arrangieren, aber die alte Dame hat halt schon einmal einen Einbrecher niederschießen müssen und ist seitdem ein bisschen misstrauisch gegenüber Fremden», mümmelte das Gewissen ins Telefon. Wahrscheinlich wieder eine Semmel. «Schreiben Sie auch Gedichte?»

«Nicht, dass ich wüsste.»

«Sollten Sie aber!», kicherte das Gewissen. «Vor allem für den literarischen Frühschoppen der Harlander Heimatdichter morgen Vormittag um neun im St.-Agathen-Heim. Ich habe Sie als eminent lyrisches Talent nominiert. Also strengen Sie sich gefälligst an!»

«Mein Sinn für schlechte Witze ist im Moment etwas unterentwickelt.»

«Wussten Sie, dass sich die heilige Agathe die Brüste abgeschnitten hat, um allen, aber auch wirklich allen Versuchungen widerstehen zu können?»

«Soll ich darüber eine Ode fabrizieren?»

«Nein, lieber etwas für Senioren Erbauliches, in der Art von Weinheber vielleicht.»

«Wer ist Weinheber?»

«Ich wusste, dass es mit Ihnen nicht leicht sein würde! Aber für Babette Schirach werden Sie doch wohl ein paar Verse schmieden, nicht?!»

«Wer ist Babette Schirach schon wieder?»

«Nach meinen Gewährsleuten eine schneidige BDM-Führerin, die vor vielen, vielen Jahren einen unangenehmen Auftritt mit einigen ukrainischen Gefreiten hatte und wenig später eine brüchige Ehe mit einem Harlander Drogisten eingegangen ist. Jetzt funktioniert an ihrem Körper leider nur mehr die Verdauung – sic transit und so weiter. Die Lesung ist Ihr Passierschein zu ihr. Vertrauen ist der Anfang von allem, vor allem was die Heimleiterin betrifft.»

Vielleicht hätte ich mir das alles noch einmal überlegen sollen, aber ich sagte dem pensionierten Gewissen zu und setzte mich an den Schreibtisch, um holterdiepolter das erste Mal in meinem Leben zu dichten.

Gegen zwei Uhr in der Früh und drei Schreibblöcke später hatte ich endlich mein Gedicht.

Fünfundfünfzig

Wenn Lotte, die Motte,
Auf Fraß geht,
Auf d' Nacht spät,

Sieht Walter, der Falter,
Ihr träumerisch zu.
Und verliebt sich im Nu.

Es war vielleicht ganz gut, dass die Hälfte der Heimbewohner schon eingeschlafen war, als ich als elfter Hobbydichter das Podium erklomm, und sich die andere Hälfte bereits seit Beginn der Lesung mit ihren Tischnachbarn oder mit sich selbst bestens unterhielt.

Im St.-Agathen-Heim roch es sogar katholisch, und der kredenzte Milchkaffee schmeckte natürlich nicht nach den muselmanisch-türkischen, kleinen, teufelsschwarzen Bohnen, sondern nach Zichorien. In jedem Winkel war eine gipserne Madonna mit leuchtenden Glasaugen oder die für gewöhnlich eher flachbrüstig dargestellte heilige Agathe aufgestellt.

Im Anschluss an die lähmende Lesung schwärmten die eifrigeren der Heimatdichter, das heißt eigentlich alle, mit Erlaubnis der Heimleitung in die Zimmer der zahlreichen Bettlägerigen aus, um dort ihren Strotz noch einmal zum Vortrag zu bringen. Dem Gewissen, das im Priesterseminar gelegentlich eine Schule des Psalmenschreibens abhielt, hatte ich es einzig und allein zu verdanken, dass ich bis vor das Zimmer von Babette Schirach geführt wurde.

Die lindgrün tapezierte Kammer unter dem Dach wurde fast vollständig von zwei wuchtigen Kruzifixen, einem altdeutschen Kleiderkasten und einem medizinischen Bett mit allerlei Seilzügen und hydraulischen Vorrichtungen ausgefüllt. Babette Schirach lag mit kartoffelgelber Haut und geschlossenen Augen unter einer braunen Steppdecke.

Ich räusperte mich vernehmlich und setzte mich auf einen Besucherstuhl am Fußende ihres Bettes.

«Grüß Gott, Frau Schirach.»

Keine Reaktion.

«Grüß Gott!»

Babette Schirach sah so tot aus wie Elvis bei seinem letzten Konzert.

Ich wusste mir nichts Besseres zu tun, als einfach zu reden. Das ist das Einzige, was ich gut kann.

«Herr Kommerzialrat Gollwitzer ist gestern selig im Herrn entschlafen. Als sein Nachlassverwalter, Dr. Miert mein Name, fühle ich mich verpflichtet, Ihnen diese traurige Nachricht zu überbringen und Sie gleichzeitig auf die verwickelten juristischen Probleme der Verlassenschaft Ihres Exgatten hinzuweisen.»

Manchmal fühlt man sich sehr, sehr schlecht, wenn man lügt.

Frau Schirach schwieg eine ganze Weile, dann sagte sie klar und akzentuiert: «Sind Sie nicht auch so ein Kuttenbrunzer? Erbe ich leicht was?»

«Sie waren mit Kommerzialrat Lorenz Gollwitzer verheiratet, und Sie waren auch wieder nicht mit ihm verheiratet, denn er ist nicht er. Es muss Ihnen aufgefallen sein, Sie müssen es wissen.»

«Ich möchte beten.» Zugleich antiklerikal und gut katholisch zu sein, das war in Harland nichts Ungewöhnliches, jedenfalls nicht wirklich.

«Also ...»

«Auf die alte Art ...»

«Ich bin im zweiten Jahr des Konzils geboren worden, ich kann nicht auf die alte Art beten.»

«Auf die alte Art!»

Ich suchte verzweifelt ein paar Worte zusammen, die meinem Gefühl nach lateinisch klingen könnten: «*Bona audi lux, fiat vino koitus. Sic transit viagra, inter post. Cum spiritus. Amen.*»

Babette Schirach hielt ihre Augen noch immer geschlossen und rührte sich nicht.

«Im Kasten ...»

«Ja?»

«Rechts unten. Sein Wehrdienstbuch. Er war ja auch nach dem Zusammenbruch noch immer so fettstolz darauf, bei der Waffen-SS gewesen zu sein, dass er es nie weggeworfen hat. Ich habe es behalten, weil ich immer Angst gehabt habe, er könnte mich wegen des Mädchens noch einmal anzeigen.»

«Ego te absolvo!» Das war, glaube ich, aus einem irgendeinem Fellini-Film.

Sechsundfünfzig

Das Café an der Tankstelle betrat ich wie immer durch den Hintereingang, aber diesmal gelang es mir nicht, den Kellner zu erschrecken. Diesmal erschreckte der Kellner mich.

«Wissen Sie schon das Neueste?» Er machte eine Effektpause, während deren ich unbeirrt auf meinen gewohnten Platz zusteuerte. «Der alte Gollwitzer hat sich erschossen! Na, was sagen Sie dazu?!»

«Wie haben Sie bloß Ihr Auge verloren?», fragte ich atemlos.

In den großen Glasscheiben der Kaffeehausfront gegen die Bundesstraße zu spiegelte sich die Zahnstocherbrücke, auf der ein älterer, sichtlich ungepflegter Mann mit einer weißen Kapitänsmütze und einem Haarföhn im Anschlag gekonnt eine Radarkontrolle imitierte. Franz Schmidt, so viel war sicher, war wieder da.

Laurie R. King

«Wenn jemand die Nachfolge von P. D. James antritt, dann **Laurie R. King**.»
Boston Globe

Die Gehilfin des Bienenzüchters
Kriminalroman
(rororo 13885)
Der erste Roman einer Serie, in der Laurie R. King das männliche Detektivpaar Sherlock Holmes und Dr. Watson durch eine neue Konstellation ersetzt: dem berühmten Detektiv wird eine Assistentin – Mary Russell – zur Seite gestellt.
«Laurie King hat eine wundervoll originelle und unterhaltsame Geschichte geschrieben.» *Booklist*

Tödliches Testament
Kriminalroman
(rororo 13889)
Die zweite Russell-Holmes-Geschichte.

Die Apostelin *Kriminalroman*
(rororo 22182)
Mary Russell und Sherlock Holmes, der wohl eingeschworenste Junggeselle der Weltliteratur, haben geheiratet. Aber statt das Familienidyll zu pflegen, ist das Paar auch in dem dritten Band über den berühmten Detektiv und seine Assistentin wieder mit einem Mordfall beschäftigt.
«*Die Apostelin* ist ein wundervolles Buch. Ich habe diesen Roman geliebt.»
Elisabeth George

Tödliches Testament
Kriminalroman
(rororo 13889)

Die Farbe des Todes *Thriller*
(rororo 22204)
Drei kleine Mädchen sind ermordet worden. Kein leichter Fall für Kate Martinelli, die gerade erst in die Mordkommission versetzt wurde und noch mit der Skepsis ihres Kollegen Hawkin zu kämpfen hat.

Die Maske des Narren
Kriminalroman
(rororo 22205)
Kate Martinelli und Al Hawkin übernehmen ihren zweiten gemeinsamen Fall.

Geh mit keinem Fremden
Kriminalroman
(rororo 22206)

Die Feuerprobe *Roman*
Deutsch von Eva Malsch und Angela Schumitz
544 Seiten. Gebunden.
Wunderlich (September 2000)

Weitere Informationen in der **Rowohlt Revue,** kostenlos im Buchhandel, und im **Internet:**
www.rororo.de

rororo Unterhaltung

3666/3

Léo Malet

Léo Malet, geboren am 7. März 1909 in Montpellier, wurde dort Bankangestellter, ging in jungen Jahren nach Paris, schlug sich dort unter dem Einfluß der Surrealisten als Chansonnier und "Vagabund" durch und begann zu schreiben. Zu seinen Förderern gehörte auch Paul Èluard. Léo Malet lebt in Chatillon bei Paris.

Eine Auswahl der lieferbaren Titel von Léo Malet:

Applaus für eine Leiche *Krimi aus Paris. Nestor Burma ermittelt*
(rororo 13145)

Bambule am Boul' Mich' *Krimi aus Paris*
(rororo 12769)
Ein Medizinstudent hat in seinem Auto, mit Drogen vollgepumpt, Selbstmord begangen. Motiv findet sich keines. Die Polizei schließt die Akten. Nur die Verlobte des Toten glaubt nicht an den Selbstmord. Sie engagiert Nestor Burma ...

Blüten Koks und blaues Blut
Nestor Burma ermittelt
(rororo 12966)

Die Brücke im Nebel *Krimi aus Paris*
(rororo 12917)

Ein Clochard mit schlechten Karten *Krimi aus Paris*
(rororo 12919)

Die Nächte von St. Germain
Krimi aus Paris
(rororo 12770)

Bilder bluten nicht *Krimi aus Paris*
(rororo 12592)
«Für alle Frankophilen ist dieser ganze Piff und Paff von Rotwein, Chanson, Baguette und platten schwarzen Mützen die reine Freude, wenn sie mit Nestor Burma, dem netten stierkopfpfeiferauchenden Detektiv, durch die diversen (pro Band) Stadtteile schlendern können ... wärmsten zu empfehlen.»
Renée Zurcker in der taz

Nestor Burma in der Klemme
Krimi aus Paris. Nestor Burma ermittelt
(rororo 12965)

Ein Gesamtverzeichnis aller lieferbaren Titel von **Léo Malet** finden Sie in der *Rowohlt Revue*. Vierteljährlich neu. Kostenlos in Ihrer Buchhandlung.

Rowohlt im Internet:
http://www.rowohlt.de

rororo Unterhaltung

Petra Oelker

Petra Oelker
Tod am Zollhaus *Ein historischer Kriminalroman*
(rororo 22116 und als Großdruck 33142)
Mit ihrem ersten Roman um die Komödiantin Rosina eroberte Petra Oelker auf Anhieb die Taschenbuch-Bestsellerlisten.

Der Sommer des Kometen
Ein historischer Kriminalroman
(rororo 22256 und als Großdruck 33153)
Hamburg im Juni des Jahres 1766: im nahen Altona sterben kurz nacheinander drei wohlhabende Männer unter seltsamen Umständen. Und wieder nimmt sich die Schauspielerin Rosina mit ihrer Truppe der Sache an.

Lorettas letzter Vorhang
Ein historischer Kriminalroman
(rororo 22444)
Hamburg im Oktober 1767: Zum drittenmal geht Rosina gemeinsam mit Großkaufmann Herrmann auf Mörderjagd.

Die ungehorsame Tochter *Ein historischer Kriminalroman*
(rororo 22668)

Die zerbrochene Uhr *Ein historischer Kriminalroman*
(rororo 22667)

Neugier *Bibliothek der Leidenschaften*
(rororo thriller 43341)

«Eigentlich sind wir uns ganz ähnlich» *Wie Mütter und Töchter heute miteinander auskommen*
(rororo sachbuch 60544)

Petra Oelker u. a.
Der Dolch des Kaisers *Eine mörderische Zeitreise*
(rororo thriller 43362)
Petra Oelker, Charlotte Link, Siegfried Obermeier, Thomas R. P. Mielke u. a. beschreiben die unheilvolle Reise eines Dolches durch die Jahrhunderte, in denen er seinen Besitzern Mord, Verrat und Totschlag bringt.

Petra Oelker (Hg.)
Eine starke Verbindung
Geschichten über Mütter und Töchter
(rororo 22752)
Die Geschichten namhafter Autorinnen erzählen von Erlebnissen mit der anderen Generation.

Weitere Informationen in der **Rowohlt Revue**, kostenlos in Ihrer Buchhandlung, und im **Internet: www.rororo.de**